Vicente Cañas, SJ

COLECCIÓN

JESUITAS

24

José F. Castillo Tapia, SJ

Vicente Cañas, SJ

Una vida en la Amazonía

Prólogo de Javier Melloni Ribas, SJ

© Ediciones Mensajero, 2025
Grupo de Comunicación Loyola
Padre Lojendio, 2
48008 Bilbao – España
Tfno.: +34 944 470 358
info@gcloyola.com
gcloyola.com

Diseño de cubierta:
Vicente Aznar Mengual, SJ

Impreso en España. *Printed in Spain*
ISBN: 978-84-271-5088-1
Depósito legal: BI-802-2025

Fotocomposición:
Rico Adrados, S. L. (Burgos) – www.ricoadrados.com

Impresión y encuadernación:
Gráficas Fernan – Bilbao (Vizcaya) / graficasfernan.com

Índice

Prólogo

Vicente Cañas, un jesuita liminar

Hay seres cuya condición es habitar en los límites, en los bordes de las demarcaciones que los humanos trazamos para sentir que formamos parte de un territorio y de una comunidad. Ello nos da una identidad y un sentido de pertenencia, que nos permiten situarnos ante los demás y ante la vastedad del mundo.

Los bordes son necesarios, porque precisamos de un contorno para no difuminarnos, para disponer de una forma concreta que nos configure y nos ayude a reconocernos a nosotros mismos (y a los demás) y a situarnos ante los otros.

La condición liminar es aquella que se sitúa en el borde donde acaba un territorio y comienza otro. Lo que para el hombre convencional separa, para el hombre liminar une. El mismo lugar donde acaba algo es la condición de posibilidad del comienzo de lo otro. Y de lo Otro.

El ser liminar es consciente de cada terreno y lo respeta. Sabe lo que está en juego en cada lugar y acata las reglas que lo rigen. Deja que cada cultura sea lo que es, sin mezclarlas, sin invadirlas. Las conoce y venera sus diferencias. No las mezcla porque, de otro modo, no las dejaría ser.

La persona liminar se encuentra en el borde del interior de la propia tradición para poder empujar las fronteras de su gente, fronteras que acaban convirtiéndose en murallas que asfixian cuando nadie las cuestiona. Por ese empuje constante, el hombre liminar es tan necesario como molesto para su comunidad. Si no hubiera quien empujara, nuestras demarcaciones acabarían siendo prisiones. La persona liminar tiene la función de cuestionar esos lindes, y por ello es una bendición y un desafío para su comunidad.

Una persona así es molesta, porque no permite que su tribu se instale en un territorio y se adueñe de él. Interpela constantemente a su gente hasta hacerse cansina, pero no desfallece, porque su misión es que su comunidad no se adormezca. Es bendición, porque agranda la tienda del encuentro de la propia tradición y permite que se haga permeable a lo distinto, a lo que no se conoce desde dentro.

El hombre liminar es capaz de alejarse de su tierra sin temer perderse, porque lleva dentro de sí la brújula que lo orienta. Y si se pierde, sabe volver, porque conoce el lenguaje de la intemperie.

El gran reto consiste en esforzarse por ir al encuentro del otro no desde las propias categorías sino desde las del otro. Tal vez sea ese el desafío y la oportunidad más fundamental de nuestro tiempo.

La tradición y la espiritualidad ignaciana tienen mucho que ver con todo esto. En el pórtico de los Ejercicios nos encontramos con el presupuesto (*Ej* 22), que expresa el *principio de alteridad*. Lo que san Ignacio propone es ir al encuentro del otro desde el otro, y no desde uno mismo. Si no lo comprendo, debo hacer el esfuerzo de acercarme a él o a ella hasta entenderlo, en lugar de condenarlo. Cuando condeno al otro y a *lo Otro*, me estoy condenando a mí mismo, ya que pierdo la oportunidad de abrirme a más realidad y quedo confinado en mis propios límites.

Para la persona liminar, la *Otredad* forma parte de su propia identidad, porque tiene su mirada puesta en el Uno y no percibe la multiplicidad como una fragmentación ni una confusión, sino como el despliegue multiforme del Único.

El ser liminar se convierte en maestro para los demás cuando ha explorado vastedades del territorio ignoto de lo Existente y se ha ido sedimentando en él un conocimiento experiencial que le permite guiar a otros por los caminos que ha transitado previamente.

Bendecimos y veneramos a aquellos hermanos mayores nuestros que, como Vicente Cañas, con el roce y la herida de permanecer en los límites, abren nuestras mentes y corazones a mayor vastedad y mayor profundidad. Sin ellos no seríamos lo que somos ni estaríamos donde hoy nos hallamos.

De aquí la pertinencia y la importancia de sacar a la luz los fragmentos más significativos del diario de este jesuita que, ya hace más de cuarenta años, selló con su sangre el riesgo de salir al encuentro del Otro. Desde entonces, el relevo ha sido tomado por otros compañeros (religiosas, religiosos, laicos y laicas) dispuestos a dar su vida por la misma causa.

Es significativo que esta publicación haya sido iniciativa de un joven jesuita, José Castillo Tapia, quien ha hecho ya unas primeras incursiones en el mundo amazónico y continuará haciéndolas en los años venideros. Su selección de textos, sus aclaraciones históricas y contextuales, así como sus anotaciones son indispensables para interpretar los pasajes del diario.

Hoy somos más sensibles que entonces a la importancia de preservar la vida y la sabiduría de los pueblos originarios. Desde aquellos tiempos, el peligro de su extinción y de la extinción de su entorno no ha hecho más que aumentar.

Ojalá esta publicación pueda contribuir a hacernos más conscientes y responsables de esa realidad que no puede dejarnos indiferentes.

JAVIER MELLONI RIBAS, SJ

Introducción

Una historia de misión y transformación

1. Contexto histórico y personal

1.1. *Breve biografía de Vicente Cañas*

Vicente Cañas, conocido también como Kiwxi, nació el 23 de octubre de 1939 en Alborea, una pequeña localidad de la provincia de Albacete (España). Desde muy joven destacó por su compromiso con los pobres y su inquietud por la justicia social, rasgos que se harían aún más evidentes al ingresar en la Compañía de Jesús (jesuitas) en 1961, a los 21 años. Durante su formación como hermano jesuita, se ocupó en distintas tareas pastorales y de servicio. Motivado por el deseo de trabajar en un contexto de grandes desafíos sociales y espirituales, en 1966 tomó la decisión de pedir ser enviado a Brasil. Allí, antes de adentrarse por completo en la vida de los pueblos indígenas, trabajó como cocinero para las comunidades jesuitas.

Su compromiso con la defensa de los más vulnerables lo llevó a integrarse poco después con el pueblo Myky, con quienes asumió el nombre de Kiwxi, un reflejo de su profunda inmersión y adhesión a la causa indígena. En 1974 dio comienzo a una estrecha relación con el pueblo Enawenê-Nawê, que se encontraba en peligro de extinción por las constantes amenazas a sus territorios y recursos naturales.

La vida de Vicente Cañas entre los Enawenê-Nawê fue mucho más que la de un simple misionero. Aprendió su lengua, se sumergió en su espiritualidad, participó en sus rituales y compartió las labores cotidianas de pesca, agricultura y recolección. Además, documentó la rica tradición cultural de los pueblos con los que convivió, y denunció los abusos que sufrían a manos de empresarios y hacendados. Todo ello lo convirtió en un puente vital entre las comunidades indígenas y la sociedad brasileña, llamando la atención sobre las injusticias que amenazaban la supervivencia de aquellas.

En torno al 6 de abril de 1987, Vicente fue asesinado en su barracón, en un crimen que durante años permaneció impune y se atribuyó a quienes veían en él un obstáculo para la expansión de haciendas y proyectos económicos. A pesar de ese trágico final, la vida y el testimonio del hermano Vicente Cañas dejaron una huella profunda en la Iglesia católica, en la sociedad brasileña y en el conjunto de organizaciones dedicadas a la defensa de los derechos de los pueblos indígenas.

Hoy Vicente Cañas es recordado como un mártir contemporáneo, que entregó su vida por la justicia, la dignidad y la protección de culturas ancestrales en peligro. Su testimonio continúa inspirando a quienes se dedican al acompañamiento y la defensa de los derechos fundamentales de las comunidades indígenas de la Amazonía.

1.2. *La misión jesuita y su relación con los Enawenê-Nawê*

Desde su fundación en 1540, la Compañía de Jesús ha estado intrínsecamente ligada al concepto de misión. Inspirados por la visión de san Ignacio de Loyola, los jesuitas abrazaron desde el inicio el mandato de ir «donde la necesidad fuera mayor». Entre sus primeros y más destacados misioneros se encuentra san Francisco Javier, quien llevó el cristianismo a Asia en el siglo XVI, recorriendo India, las Molucas y Japón y llegando hasta la costa de China. Para Javier, la misión implicaba atravesar fronteras físicas y culturales, aprender las lenguas autóctonas y adaptar el mensaje evangélico a los diversos contextos y culturas. Este enfoque marcó el inicio de un camino que la Compañía de Jesús seguiría a lo largo de los siglos.

A medida que las misiones jesuitas se expandieron por América, África y Asia, surgió un modelo que equilibraba la evangelización con la promoción de la justicia social, la educación y la defensa de los derechos de las comunidades vulnerables. En América Latina, los jesuitas fundaron reducciones indígenas, como las famosas del Paraguay, donde buscaron proteger a los pueblos originarios de la explotación colonial. Sin embargo, estos modelos no estuvieron exentos de ambigüedades: si bien defendían a los indígenas frente a la esclavitud, muchas veces reproducían estructuras de dominación cultural.

Con la llegada de Vicente Cañas a Brasil en 1966, se consolidó una etapa renovada de esta misión. Influido por el Concilio Vaticano II y por el carisma ignaciano, Vicente decidió vivir entre los Enawenê-Nawê, adoptando su idioma, costumbres y visión del mundo. Su diario, compuesto por treinta y dos cuadernos escritos a mano que relatan diez años de su vida (1977-1987), es testimonio de esa transformación: no solo documenta la vida cotidiana y espiritual de los Enawenê-Nawê, sino que refleja el camino de inculturación de Vicente, quien entendió la misión no como un acto de enseñanza sino como un aprendizaje mutuo.

1.3. *La transformación de la misión jesuita*

El siglo XX marcó un punto de inflexión para la misión de la Iglesia católica y, en particular, para la Compañía de Jesús. El Concilio Vaticano II (1962-1965), convocado por el papa Juan XXIII, redefinió la relación de la Iglesia con el mundo moderno. En el ámbito de la misión, este concilio enfatizó el respeto por las culturas locales, el diálogo interreligioso y el acompañamiento en lugar de la imposición. Se produjo un cambio paradigmático: de una misión entendida como «conquistar almas» a una que buscaba reconocer la presencia de Dios en las culturas y experiencias de los pueblos.

Este cambio resonó profundamente en la Compañía de Jesús, que ya había comenzado a reconfigurar su misión a través de las orientaciones de la Congregación General 32 (1974-1975). En esa reunión, los jesuitas reafirmaron su opción preferencial por los pobres y su compromiso con la justicia social, alineándose con las conclusiones de las conferencias generales de los obispos de América Latina formuladas en Medellín (1968), que serían reafirmadas posteriormente en Puebla (1979). En ese contexto, el trabajo con las comunidades indígenas se transformó en un acompañamiento respetuoso, donde los misioneros buscaban aprender y ser transformados por las culturas con las que convivían.

América Latina, con su historia de colonización, desigualdad y resistencia, se convirtió en un campo de misión único para la Compañía de Jesús. Allí el trabajo con los pueblos indígenas adquirió un sentido de urgencia ante las amenazas a sus territorios y formas de vida. Durante la dictadura militar en Brasil (1964-1985), los jesuitas se enfrentaron a desafíos adicionales: la represión política, la expansión del «agronegocio» y la invasión de tierras indígenas.

En este contexto, figuras como Vicente Cañas encarnaron la misión renovada de la Compañía. Más allá de la evangelización, su vida fue un testimonio de donación total, inspirado por una espiritualidad que reconocía en los pueblos indígenas una revelación de Dios. Su compromiso se expresó en la defensa de los derechos territoriales, la documentación de sus culturas y la vivencia plena de su espiritualidad.

1.4. *Los Enawenê-Nawê*

El primer contacto oficial entre los jesuitas y el pueblo Enawenê-Nawê ocurrió en 1974, cuando el padre jesuita Thomaz de Aquino Lisboa y el hermano Vicente Cañas participaron en una expedición que buscaba establecer comunicación con aquel grupo indígena del noroeste de Mato Grosso (Brasil). Ese encuentro marcó el inicio de una relación con un pueblo cuya cultura es profundamente espiritual y se organiza en torno a prácticas rituales vinculadas al equilibrio cósmico.

Los Enawenê-Nawê habitan una región de transición entre la sabana y la selva ecuatorial, en el valle del río Juruena, específicamente en una única gran aldea cerca del río Iquê, un afluente del Juruena. Su lengua pertenece a la familia Arawak y muestra similitudes con la de los Paresí. Su modo de vida está profundamente arraigado en la pesca, la agricultura de subsistencia (principalmente maíz y yuca) y la recolección de miel y frutos silvestres. Llama la atención que no cazan ni consumen carnes rojas, un rasgo singular entre los pueblos indígenas de la región. Sus *malocas* (chozas) comunales reflejan una fuerte organización social, estructurada en nueve clanes que regulan los matrimonios y otras interacciones sociales.

La vida del pueblo Enawenê-Nawê se desarrolla en un equilibrio entre la gestión de los recursos naturales y el mantenimiento de su vida espiritual, integrando su actividad económica con una intensa práctica ritual. Su cosmovisión está profundamente marcada por la creencia en la existencia después de la muerte: consideran que el cuerpo del fallecido permanece en el reino de los espíritus subterráneos, mientras que su alma asciende al cielo, donde residen los espíritus celestes. Esas entidades espirituales desempeñan un papel central en la armonía de la comunidad con su entorno, garantizando la abundancia de alimentos y la estabilidad de la vida cotidiana. Por ello, los

Enawenê-Nawê mantienen con ellas una relación de intercambio constante, expresada a través de diversos rituales.

A lo largo del año se distinguen dos ciclos ceremoniales, asociados a las estaciones y a su interacción con distintos tipos de espíritus. Uno de esos ciclos está vinculado a los espíritus subterráneos, los Enore, y coincide con las fases de crecimiento y descenso de las aguas. El otro se relaciona con los espíritus celestes, los Yakairiti, y se desarrolla durante la temporada de lluvias. De esa manera, los rituales reflejan la conexión entre los Enawenê-Nawê y las entidades espirituales que rigen su mundo.

Entre las ceremonias más importantes se encuentran el ritual Salumã, dedicado a los espíritus celestes, y el rito Kateoko, que es realizado exclusivamente por mujeres. En honor a los espíritus subterráneos, que habitan en las profundidades de la tierra y en lugares remotos, se celebran los rituales Yãkwá y Lerohy. Para la comunidad es esencial mantener una relación armoniosa con esas entidades, ya que de su satisfacción depende el bienestar colectivo.

Cuando alguien enferma o se enfrenta a dificultades, los Enawenê-Nawê atribuyen esas adversidades a la insatisfacción de los espíritus Yakairiti, quienes, al sentirse descuidados, pueden amenazar la vida de los miembros de la aldea. Para restablecer el equilibrio y evitar que esos seres provoquen desgracias, la comunidad participa en el ritual Yãkwá, que simboliza el intercambio y la reciprocidad con el mundo espiritual.

Los rituales se organizan siguiendo un calendario preciso: el Yãkwá se extiende de enero a julio, el Lerohy se celebra entre julio y septiembre, el Salumã[1] tiene lugar en octubre, y

---

[1] El Salumã es una de las celebraciones más importantes para los Enawenê-Nawê, en la que los cantos y la danza invocan la fertilidad y la renovación comunitaria.

el Kateoko –ritual femenino– se lleva a cabo en noviembre y diciembre, aunque solo en años alternos. El Yãkwá es el ritual más emblemático de los Enawenê-Nawê y uno de los más complejos de la región. Este evento anual, que puede extenderse hasta siete meses durante la estación seca, busca mantener el orden social y cósmico a través de elaborados rituales que incluyen expediciones de pesca, preparación de ofrendas de sal gema y pescado, y ceremonias con música y danza para los espíritus. Este ritual ha sido reconocido como patrimonio cultural inmaterial de la humanidad por su importancia cultural y espiritual.

Sin embargo, el contacto con la modernidad ha traído desafíos importantes a este pueblo. La construcción de centrales hidroeléctricas cerca de su territorio ha afectado al equilibrio ecológico, fundamental para sus prácticas rituales y para su subsistencia. Además, la expansión de la agricultura industrial, especialmente el cultivo de soja, ha provocado invasiones y contaminación de los ríos, poniendo en riesgo sus recursos hídricos y alimenticios. A pesar de esas amenazas, los Enawenê-Nawê han mostrado gran resiliencia en la preservación de su cultura. Sin embargo, el desafío de proteger su territorio frente a esas presiones externas sigue siendo crucial para garantizar la continuidad de sus tradiciones ancestrales y su misma supervivencia como pueblo.

2. Propósito de esta antología

2.1. *Relevancia de la preservación y divulgación de este legado*

El diario de Vicente Cañas no es solo un documento personal; es un legado que trasciende fronteras y generaciones. A través de sus escritos podemos vislumbrar no solo la vida y espiritualidad de los Enawenê-Nawê sino también el compromiso de Vicente con una misión que privilegiaba el acompañamiento y el respeto por las culturas locales.

Preservar y divulgar este legado es esencial para mantener viva la memoria de Kiwxi y para inspirar a las nuevas generaciones a comprometerse con la justicia y la dignidad humana. En un mundo donde las culturas indígenas siguen enfrentándose a amenazas, el ejemplo de Vicente nos recuerda la importancia de proteger y valorar la diversidad cultural como un patrimonio de toda la humanidad.

2.2. *Aportación cultural, antropológica y espiritual*

Desde una perspectiva cultural, el diario de Vicente Cañas es un testimonio único de la riqueza y complejidad de la vida de los Enawenê-Nawê. Sus descripciones detalladas de los rituales, las prácticas agrícolas y las estructuras sociales ofrecen una ventana a un mundo que ha resistido durante siglos las presiones externas.

En el ámbito espiritual, el diario refleja una profunda comunión entre la fe cristiana de Vicente y la espiritualidad indígena. Esa síntesis no fue fruto de una imposición sino de un diálogo respetuoso y enriquecedor, que transformó tanto a Vicente como a la comunidad que lo acogió.

3.   Métodos de selección

La presente antología se ha estructurado en torno a una selección cuidadosa de entradas del diario de Vicente Cañas, que reflejan tres aspectos clave de su vida y misión:

a) Vida cotidiana y rituales: textos que documentan las actividades diarias de los Enawenê-Nawê, como la pesca, la agricultura y la recolección, así como las ceremonias que marcan los ciclos de la vida comunitaria.

b) Desafíos y resiliencia: relatos que reflejan los desafíos a los que se enfrentaron los Enawenê-Nawê, desde la amenaza de enfermedades hasta los conflictos territoriales, y la forma en que resistieron a esas adversidades.

c) Espiritualidad y donación: reflexiones de Vicente sobre su fe y su experiencia de vivir como un miembro más de la comunidad, que iluminan cómo su espiritualidad se enriqueció y se transformó a través de esa convivencia.

El diario de Vicente Cañas junto a los Enawenê-Nawê no solo documenta la vida de un misionero profundamente comprometido, sino que también nos invita a reflexionar sobre el verdadero significado de la misión en el mundo contemporáneo. Este diario consta de treinta y dos cuadernos escritos a mano, aunque también se conservan otros escritos suyos dispersos en diversos formatos: cartas, anotaciones sueltas, informes pastorales y correspondencia con organizaciones como el Consejo Indigenista Misionero (CIMI).

Gracias al trabajo del jesuita y antropólogo Aloir Pacini, SJ, pudimos traducir y recuperar una parte significativa del diario de Vicente Cañas, que abarca el período de 1977 a 1983. Posteriormente, María Cañas Pastor, sobrina de Vicente, tuvo la generosidad de compartir los escritos correspondientes a los años restantes, desde 1984 hasta 1987.

La transcripción y traducción al portugués de los cuadernos, que recopilan una década de experiencias, fue realizada por el antropólogo Darci Luiz Pivetta[2]. Este proceso resultó

---

[2] Pivetta cuenta que leyó junto con Cañas la introducción a un libro de Malinowski (*Los argonautas del Pacífico Occidental*) para convencerlo de que era necesario buscar un lugar para vivir un poco alejado de la aldea. El lugar elegido para su campamento fue justo debajo del «Cajón

especialmente arduo debido a las dificultades del hermano Vicente con la lengua portuguesa. Para facilitar la tarea, Pivetta contó con la colaboración del padre Antônio Iasi Júnior, SJ, quien añadió anotaciones a lápiz para interpretar y dar sentido a las frases del misionero español.

El primer contacto de Vicente Cañas con los Enawenê-Nawê ocurrió en 1974, junto con el también jesuita Thomaz Lisboa. Ambos visitaron la aldea de manera recurrente en los meses siguientes. Será en 1975 cuando Kiwxi irá definitivamente a vivir con ese pueblo indígena. Sin embargo, no fue hasta julio de 1977 cuando escribió la primera página de su diario. En ella anota:

1 de julio de 1977 (15.º contacto)

«Durante casi una luna, celebraron Lerohy, con flauta de cinco tubos y varias de otro tipo. Todos estos días comenzaba de madrugada (a las 2) y paraba al clarear el día. A las 15 comenzaba de nuevo y continuaba hasta el anochecer. Se iniciaba en el patio, y dentro de las casas todos los hombres participan».

Pocos días antes de ser asesinado, Vicente Cañas registró en su diario la última entrada. En ella evidencia su profundo compromiso con el día a día del pueblo Enawenê-Nawê. En la última anotación, realizada el 24 de marzo de 1987, relató cómo seguía acompañando las actividades cotidianas y los rituales de la comunidad.

---

de piedras» (Caixão de Pedra), en el río Juruena, donde este río pasa de aproximadamente 800 metros de ancho a cerca de 12 metros. La construcción de ese asentamiento fue realizada con la ayuda del pueblo Rikbaktsa. Junto a ese «barracón» fue martirizado Vicente Cañas en torno al 6 de abril de 1987. A lo largo del diario se referirá a ese lugar como «campamento», «barracón», «refugio» o «choza».

Cañas comienza describiendo su visita a Olouinã, donde se encontraba otro grupo del pueblo: «A las 6 voy a Olouinã, donde está el otro grupo». Allí se reunió con los «festejantes», quienes llegaron con entusiasmo, pero con risas al descubrir que no había pescado ni *farofa*[3] (*inaxi*): «Fue una risa cuando vieron que no había nada de *inaxi* y nada de pescado en la presa del río Mutum». A pesar de ello, compartieron la noticia de que había nacido la hija de Kokore (Salumã) y que el ritual Alakototi ya había comenzado, con cantos, danzas y preparativos tradicionales: «Los festejantes, haciendo sus cantos y danzas, [...] colocan ollas de chicha[4] (*oleniti*) con las flautas de los próximos rituales».

Vicente también registró detalles del intercambio de alimentos e información sobre la pesca exitosa en las trampas del río Mutum: «Dan noticias de que ayer y hoy temprano hubo bastante pescado, es decir, cayeron muchos *piaus* en las trampas (*matá*)». Al mediodía regresó a su campamento, donde tenía planeado quedarse unos días para organizar el lugar, traer combustible y reparar el barco Marajó: «Me quedaré algunos días poniendo orden en el campamento, trayendo algo de combustible y arreglando el piso de la Marajó».

Este fragmento, escrito tan solo días antes de su asesinato, muestra cómo Vicente Cañas siguió involucrado hasta el final en la vida y los rituales del pueblo Enawenê-Nawê. Su acompañamiento y participación en las actividades comunitarias reflejan su entrega total y su profundo compromiso con los miembros de esta comunidad indígena, a quienes dedicó su vida y misión.

La pequeña antología que ofrecemos a continuación representa una muestra del significado que tuvo para Kiwxi (como

---

[3] *Farofa*: acompañamiento tradicional de la cocina brasileña, cuyo ingrediente principal es la harina de mandioca tostada.

[4] Chicha: bebida fermentada que suele prepararse con maíz, mandioca u otros ingredientes, según la región.

era conocido Vicente Cañas) adentrarse en la vida de una tribu amazónica. Ojalá en el futuro se logre publicar una recopilación completa de sus escritos. El primer capítulo introduce los temas y enfoques que guiarán esta antología, destacando la importancia de preservar la memoria de Kiwxi como un testimonio de fe, justicia y humanidad. En los siguientes capítulos exploraremos más profundamente las experiencias, desafíos y aprendizajes que Vicente registró en su diario, ofreciendo una visión íntima de su vida y su legado. Esta antología busca ser un puente entre el pasado y el presente, inspirando a las generaciones futuras a continuar la lucha por un mundo más justo y solidario.

1

Vida cotidiana

1. Introducción

La vida cotidiana en la comunidad Enawenê-Nawê se despliega en una serie de actividades que comienzan antes del amanecer y se prolongan hasta bien entrada la noche. El misionero y etnógrafo Vicente Cañas –conviviente, observador y amigo– plasmó en sus diarios los ritmos compartidos entre el juego de los niños y los cantos de la madrugada, las largas jornadas de pesca y la siembra del mandiocal. Sus notas reflejan una sociedad que organiza la existencia colectiva en torno a rituales, ofrendas y solidaridad.

En estos apuntes, que abarcan varios años, descubrimos a hombres y mujeres que no solo sobreviven en la Amazonía, sino que la celebran, la bailan y la veneran. A través de la mirada de Vicente, quien se ganó la confianza y el afecto de la comunidad, accederemos a un universo en el que cada detalle –los primeros rayos de sol, la fragancia de la miel o el uso del timbó[1]– revela la íntima conexión de los Enawenê-Nawê con su entorno.

Así, estas páginas nos muestran el pulso cotidiano de una aldea en la que el trabajo, la música y la comunión con la naturaleza se han convertido en la esencia de su forma de vida.

---

[1] Timbó: planta amazónica (generalmente de la familia de las leguminosas) cuyas raíces contienen sustancias capaces de aturdir a los peces, facilitando así la pesca.

2. Actividades diarias

El sonido de las flautas y los cantos, que comenzaba antes de que asomara el sol, se convirtió pronto en parte esencial de la rutina de Vicente. Cada día, al escuchar aquellas melodías, tomaba su cuaderno y registraba lo que veía, sentía y vivía junto a sus anfitriones. Entre la niebla de la madrugada y el olor a leña húmeda, las sombras iban adquiriendo formas, y Vicente describía el ajetreo matinal de la aldea: hombres y mujeres que se preparaban para la pesca, la recolección o la siembra; niños que corrían y jugaban entre las casas; ancianos que supervisaban los rituales y la organización de las labores cotidianas.

En su primera estancia prolongada, Vicente se percató de la importancia de la música y la danza como motores de la vida comunitaria. Aquel día sintió cómo la fuerza del ritual envolvía a todos: desde los más pequeños, con sus collares y dibujos de urucú[2] en la piel, hasta los ancianos, cuyos pies parecían no tocar el suelo al compás de las flautas. Aunque algunos enfermaran o tuvieran que salir a pescar, la fiesta continuaba y era el centro en torno al que giraba todo.

5 de julio de 1977

«Toda la pesca que capturan, los peces grandes, se reparten comunitariamente. Hoy, desde las dos de la madrugada hasta las 20:30 sin parar, tocaron y bailaron, primero en el patio y luego dentro de las casas, donde pasan todo el día bailando. Es el fin del ritual, de todas las ceremonias, pintados y adornados con sus penachos y paja de *burití*[3]. Algunos niños están con

---

[2] Urucú: pigmento natural extraído de la semilla del achiote (*Bixa orellana*), empleado como tinte y pintura corporal.

[3] Fibras de *burití* (*Mauritia flexuosa*), palmera amazónica cuyas hojas y fibras se utilizan para fabricar techos, cestas, adornos ceremoniales y otros objetos.

fiebre; algunos salen a pescar. Dos niñas participaron toda la tarde en la danza. Aparentan siete años. Están adornadas con collares y pintadas con urucú».

Vicente anotaba con asombro la capacidad de la comunidad para combinar armoniosamente las labores diarias con las celebraciones. Al alba, tras horas de cantos, hombres y mujeres se dividían las tareas: unos se dirigían a la pesca, otros proseguían con la siembra, y los niños, con fiebre o no, seguían inmersos en la misma cadencia vital. Al atardecer, el canto y la danza renacían bajo techo, y se repetía aquella atmósfera de algarabía que tanto fascinaba a Vicente. El reparto de leña y la ofrenda de chicha sellaban lazos de solidaridad y unidad.

12 de julio de 1977

«A las tres y media de la madrugada comienzan a tocar para los cantos y danzas en dos ruedas con diferentes clases de flautas. A las 8 paran; algunos van a pescar, otros trabajan en la roza. Por la tarde bailan dentro y fuera de las casas. Varios niños con fiebre. Se reparte leña –es una ceremonia en la que unos llevan leña cortada a otros, y reciben a cambio chicha–. Todo con muchos gritos».

Con el paso del tiempo, Vicente fue ganándose la confianza de los mayores, de los chamanes y de los jóvenes. Sus apuntes reflejan cómo, poco a poco, dejó de ser un simple observador para convertirse en un miembro más de la comunidad. Sus diarios no solo registraban las actividades de los demás sino también su propio esfuerzo por entender, acompañar y ayudar.

Para 1983, Vicente ya colaboraba en la recolección de miel o en la búsqueda de remedios para la fiebre de los niños. Sus páginas reflejan la construcción de trampas, el uso de la paja de *burití* para los techos y un profundo respeto por la ingeniosa relación que la comunidad tenía con la naturaleza.

22 de febrero de 1983

«A las 4:45 Lonece llama al personal y tienen una pequeña conversación, y comienza la actividad. Llueve en la madrugada y se prolonga hasta las 8. El personal trabaja en las trampas. Después de la lluvia van a sacar las varillas de *burití* para construir las trampas. Se extrae avispa y miel. Alrededor de las 16:30 van llegando y trabajan en la fabricación de las trampas. Algunos también traen paja de *burití* para cubrir las casas».

En estos apuntes, Vicente mostraba cómo, con los años, ya conocía el rol de cada uno: identificaba a los chamanes, sabía qué familia sufría de malaria y ofrecía ayuda. También registraba la preocupación general por la sequía y la necesidad de usar timbó con más frecuencia en la pesca. Todo ello reforzaba su certeza de que, para esa comunidad, la vida giraba en torno a la cooperación y el cuidado mutuo.

13 de septiembre de 1983

«A las 3:50 comienza el ritual y termina a las 6. Las mujeres trabajan con la mandioca y el algodón. Los hombres van a recoger pescado donde ayer se utilizó timbó. Murió mucho pescado.

Koxyhy, Solamenaene y Xyuyro van a utilizar timbó y regresan tarde. Varios van a buscar miel. Algunos hombres trabajan en el mandiocal. Hago el tratamiento de malaria al niño que estos días tenía fiebre.

Dadouery siente dolor en las caderas. Kueyroce vomita y siente dolores de cabeza. Tyholoceene, que tenía el pie inflamado debido a un corte, ya está bien, pero el pie está muy hinchado, pues lo forzó al recolectar miel y utilizar el timbó.

Este año utilizan bastante timbó, pues, debido a la intensa sequía, el volumen de agua de las grandes lagunas es pequeño. El personal comenta mucho el hecho de la ausencia de lluvias. Llovió muy poco y hace mucho frío por la noche. El ritual comienza a las 15:30 en la casa de Orytaka. Atayna (chamán) y Kayoko dirigen los cantos. Los niños y mujeres, en número de 31, participan en el ritual. Los compañeros colocan hoy aretes de caracol a sus compañeras. Poco a poco van adornando a las mujeres. Los compañeros en las casas ofrecen chicha de miel y *oleniti* a sus compañeras. El orden de la ofrenda por las casas es el siguiente: Orytaka, Ualytere, Atayna (sacerdote), Kayueta, Xynare, Ualytere, Atayna (chamán), Yalauyanaceatokue, Kaualy.

A las 18 van al centro del terreno y allí los compañeros ofrecen chicha de miel y *oleniti*. Los hombres mantienen el fuego. A las 19:30 terminan».

El 16 de agosto de 1984 Vicente resalta la combinación de trabajo artesanal, agrícola y recreativo que sostiene la estructura social y cultural de los Enawenê-Nawê. A través de sus palabras se aprecia cómo cada tarea, desde la fabricación de canoas hasta los juegos infantiles, contribuye al bienestar y a la cohesión del grupo.

16 de agosto de 1984

«A las 16 comienza el movimiento en la aldea. Trabajan en la fabricación de una canoa. Otra es llevada hasta el río. Algunos queman la chacra. Otros ya plantan ñame y mandioca donde hay pantano, y también plantan maíz. Comen papas, ñames, frijoles y *beiju*[4]. Beben *ketera*. Los niños limpiaron un pedazo

---

[4] *Beiju*: alimento típico del nordeste de Brasil, hecho de masa de mandioca cocida.

de terreno colina abajo, de alrededor de tres metros, y pusieron hojas de cocotero en el camino y con la cáscara de racimo de coco, sentados, se lanzan colina abajo. Es el juego que prefieren en estos días. Los jóvenes también participan en él».

En 1985, Vicente Cañas documenta los desafíos y las continuas actividades de la aldea en medio de condiciones adversas de salud y tareas de construcción. La llegada de Zakaka con una lesión en el pie y los casos de enfermedades como fiebre y disentería reflejan las dificultades que enfrenta la comunidad. A pesar de estos obstáculos, la vida en la aldea sigue su curso, con la finalización de nuevas viviendas y la realización de rituales que fortalecen los lazos comunitarios. Vicente observa cómo la cooperación y las tradiciones culturales permiten a los Enawenê-Nawê mantener su cohesión y resiliencia frente a las adversidades.

8 de enero de 1985

«Llegué a la aldea a las 12. Encontré a Zakaka con el pie lastimado, porque le cayó un palo encima. El pie aún está hinchado. Hay varios casos de fiebre, disentería y dolor de estómago. La gente continúa trabajando en las casas. Hoy se concluyen dos casas: Atayna (chamán) y Yalauyanaceatokue. Las casas, una vez concluidas, se ritualizan mediante el toque de instrumentos musicales y danzas. El estilo de las danzas sigue el ritmo de Yãkwá: unos construyen las casas de otros. Todos están construyendo sus casas y otros están ampliando».

Las actividades diarias de los Enawenê-Nawê, descritas por Vicente Cañas en su diario, revelan cómo su vida cotidiana está profundamente conectada con su entorno natural, su cosmovisión y sus valores culturales. Cada acción, desde la pesca hasta los rituales, integra espiritualidad, comunidad y autosuficiencia.

La relación con la naturaleza es central en su día a día. La pesca, por ejemplo, se ritualiza mediante cantos y danzas, reflejando una visión espiritual y simbólica del sustento. Al recolectar peces o miel, no solo satisfacen necesidades físicas, sino que honran los ciclos naturales y cultivan un respeto compartido hacia los recursos que los rodean.

La recolección de mandioca, maíz o frutas y la preparación de chicha representan esfuerzos colectivos esenciales para la supervivencia de la comunidad. Estas actividades se realizan en un marco de colaboración y solidaridad, donde las tareas se distribuyen y todo lo producido se comparte, fortaleciendo los lazos comunitarios y asegurando que cada miembro reciba lo necesario para vivir.

Las condiciones externas también influyen en su vida diaria. Aunque su contacto con el mundo no indígena es limitado, se enfrentan a desafíos como enfermedades y escasez de recursos. La falta de acceso a atención médica adecuada los lleva a depender de sus conocimientos tradicionales y su medicina ancestral. A pesar de esas adversidades, la comunidad mantiene su autonomía, rituales y estructura social, reafirmando su resistencia cultural frente a las presiones externas.

Estas actividades no solo garantizan la supervivencia, sino que también preservan su identidad y cultura. La colaboración, el respeto por la naturaleza y la espiritualidad integrada en cada acción diaria permiten que los Enawenê-Nawê vivan en armonía con su entorno y resistan las amenazas del mundo moderno. Cada día es una reafirmación de su autonomía y su capacidad para florecer como comunidad.

3.   Relaciones interpersonales en la aldea

La aldea despertaba antes de que el sol iluminara el cielo, y para Vicente ese momento era el preludio de una nueva crónica en su cuaderno. Poco a poco, la oscuridad cedía, revelando rostros pintados, sonrisas cómplices y la organización comunitaria fluyendo en cada rincón. En medio del canto de los pájaros y el murmullo del viento entre las chozas, Vicente anotaba cada detalle, fascinado por la profunda conexión entre rituales, relaciones familiares y actividades cotidianas.

En una de aquellas madrugadas, Vicente presenció la iniciación de un joven, un momento decisivo en la vida masculina de la comunidad. Fuego, flautas y danzas marcaban la transición a la edad adulta, mientras las familias presenciaban el ritual con solemnidad y orgullo. Entretanto, algunas madres cuidaban a niños con fiebre, entrelazando preocupación y alegría en un mismo gesto, sin que la música y la danza se interrumpieran hasta el anochecer.

11 de julio de 1977

«A las 3:30 comienzan a bailar en dos ruedas en el patio alrededor del fuego. Va hasta las 6:30. Se realiza el pasaje [ritual de paso] de un joven; es llevado a la casa de las flautas, pintado por los hombres y vestido con sus vestimentas típicas, penacho y pajas. Cuando está vestido, va dando gritos, le ponen la palmerita y se embute el pene. El joven, todo pintado, se mantiene de pie sobre una estera, muy serio y sin hablar. Es golpeado con unas pajas en el cuerpo mientras dan gritos; le dan unas pajas penianas. Es retirado de la casa de las flautas, tomado de la mano, llevado a su padre y entregado. El padre toma las palmeras penianas; el joven se quita las vestimentas típicas que usan en los rituales y se mantiene serio; conversa normalmente con los otros y se queda dentro de su casa.

A las 8 los hombres comienzan a bailar en el patio tocando la flauta de cinco tubos; otro grupo, dentro de la casa. Las dos niñas de unos siete años también bailan, y continúa hasta las 19:20. Como es común, hay varios niños con fiebre».

Para 1983, Vicente había logrado una confianza mayor con la comunidad: escuchaba relatos sobre conflictos con otros pueblos y presenciaba la alegría del juego de pelota. La vida cotidiana se entrelazaba con las historias de lucha y supervivencia. En febrero de ese año, el trabajo colectivo y la organización para la pesca confirmaban la solidaridad intracomunitaria: las mujeres procesaban la mandioca y los hombres reunían provisiones. Al atardecer, la ofrenda de chicha y *beiju* sellaba los lazos de comunidad bajo el manto de la noche.

11 de febrero de 1983

«A las 3 Ynareceene va por el terreno llamando a los hombres. Salen y ofrecen el *ketera*. Una vez ofrecido y bebido, el personal vuelve a dormir.

Al clarear el día comienza el movimiento en la aldea. Algunas mujeres van a traer agua y a bañarse. Otras van a arrancar mandioca y también preparan los *xiris*, que quedan listos. Los hombres conversan entre ellos, comentando la ida a las presas. Por la mañana se juega un poco a la pelota.

Kaualy contó que su gente, hace algún tiempo, hizo tres ataques a los Nambikwara. El objetivo de los ataques era obtener hachas. También aprovecharon y se llevaron mandioca, maíz, ñame y tabaco. Los ataques fueron exitosos. En uno de los ataques un Enawenê-Nawê fue muerto por los Nambikwara[5]. Estos ataques ocurrieron por los lados del Camararé en dirección a Campos Novos. Atacaban también a recolectores de caucho con el objetivo de obtener herramientas.

Después del juego de pelota, que terminó a las 11, los hombres llevan al puerto los *xiris* con la harina y el *beiju* y sacan lombrices para ir pescando. Por la tarde se juega un poco a la pelota. Este es el último juego de la temporada, pues solo juegan a la pelota durante el período de la cosecha

---

[5] Las narraciones sobre los ataques a los Nambikwara reflejan relaciones históricas y conflictos entre grupos indígenas.

del maíz y en los días de los rituales que anteceden a la ida a las presas.

A las 18:30 Yalauyanaceatokue, Kaualy, Kayueta y Makakoyarene colocan, cada uno de ellos, cuatro cuencos de *olocuare*[6] con *beiju* en el terreno. Dos hombres están con arco y flecha en la mano. Quienes ofrecen son Aures. Su ofrenda es para los festejantes. Atayna (sacerdote) ofrece cuatro cuencos con pescado y *beiju* para aquellos que ofrecieron el *olocuare*. Daduyare ofrece cuatro cuencos de *oleniti*. Todos los hombres están en el terreno. Los festejantes del próximo año encienden el fuego en medio del terreno y dan inicio al ritual Salumã. Kayoko inicia los cantos y el resto del personal va respondiendo. Solo algunos participan. Son los que se quedarán en la aldea, no irán a las presas. Estos son los festejantes. El ritual dura aproximadamente una hora».

En noviembre de ese año, crecían los conflictos con terratenientes y colonos. Pese a ello, los rituales seguían marcando el eje de la cotidianidad. Vicente anotaba cómo, entre la fabricación de flechas y la siembra de mandioca, la gente discutía sobre injusticias y promesas rotas. Al final de la tarde, el ritual Kateoko traía música y unidad frente a la adversidad compartida.

7 de noviembre de 1983

«A las 3:30 comienza el ritual Kateoko. Ofrecen chicha de miel y otros ofrecen frutos de *burití*. A las 5:15 terminan.

Algunos hombres hacen flechas, otros limpian los mandiocales y otros descansan y preparan cuentas para la fabricación de collares.

Se come pescado, *beiju*, frutos de *burití* y *bacaba* con pescado y hojas de mandioca hervidas y machacadas. Se bebe chicha de miel.

---

[6]   Sopa de pescado.

Alguna que otra mujer arranca mandioca e hila algodón. Los que fueron a buscar castañas cuentan todos los días las aventuras por las que pasaron. Hablan bien del señor Amado, pues los Enawenê-Nawê le dieron varios loros, arcos y flechas y a cambio el señor Amado les dio ropa vieja, casi toda rasgada. También le dieron mucho pescado. Hablan mal del señor Francisco del Córrego Rico, pues le dieron un loro, pero él les dio ropa muy rasgada, que ellos arrojaron al agua. Todos los hombres estaban armados, con escopetas en la mano. El personal dice que para el próximo año van a enfrentarse al personal de Córrego Rico, pues ya es la segunda vez que los amenazan con armas de fuego. También hablan de confrontar al señor Mario Schmit, que vive en la desembocadura del Papagaio en el Juruena, pues el año pasado amenazó a los indígenas con armas de fuego. Kaualy fue amenazado y, como es líder político, esto generó indignación entre los indígenas.

A las 15:40 comienza el ritual Kateoko en la casa de Orytaka y luego en las demás casas, donde ofrecen chicha de miel. La ofrenda de chicha en las casas la hacen las esposas de los hombres que tienen compañeras. Y, cuando están en el terreno, la ofrenda la hacen los hombres. A las 18 los hombres encienden el fuego en el terreno y luego el ritual va al centro del terreno. A las 19:10 terminan».

La logística de la pesca, la búsqueda de miel y la recolección de crías de loros cohabitaban con los rituales vespertinos. Vicente evidenciaba la flexibilidad de la organización comunitaria y la forma en que las relaciones se fortalecían en cada tarea compartida.

En la vida de los Enawenê-Nawê, el parentesco no es solo un lazo biológico sino una red viva que estructura el intercambio ritual, social y afectivo. Esta entrada del 21 de septiembre de 1983 muestra cómo las relaciones de parentesco se manifiestan en los gestos cotidianos: en la entrega de alimentos y bebidas, en el préstamo de adornos, en la manera respetuosa de llamar a las mujeres por su vínculo familiar o por el nombre del primer hijo. Durante el ritual Kateoko, cada intercambio –de algodón, aretes, chicha o pescado– reafirma la pertenencia mutua y fortalece los lazos que sostienen a la comunidad. Así, el parentesco se celebra y se actualiza como un tejido sagrado que conecta personas, rituales y generaciones.

21 de septiembre de 1983

«A las 4 comienza el ritual. Los compañeros ofrecen *ketera* a las compañeras y a las 5:45 terminan. Un grupo se dirige al río Iquê para ver las chacras de maíz. Otro grupo va a recoger fruto de *bacaba* y otro va a recolectar miel.

Kayokace también ayuda a dirigir los cantos. Las mujeres recogen mandioca y continúan hilando algodón. Esto ocurre porque al final del Kateoko las mujeres tienen que ofrecer a los hombres hilos de algodón para su uso en flechas, adornos, etc.

La alimentación de estos días consiste en *beiju*, fruto de *burití* y de *bacaba* y pescado. Se bebe *oleniti, ketera* y chicha de miel. Ya todas las mujeres están utilizando aretes de conchas, pues fueron prestados por los compañeros. Cuando termine el ritual Kateoko las mujeres devolverán los aretes a los hombres. Si la mujer no participa en el ritual, el compañero lleva la chicha o el pescado a su casa para entregárselo, pero no pasa dentro de la casa. Permanece en la puerta y llama a la mujer. En estos casos siempre se llaman por el parentesco, por el nombre del primogénito y siempre colocando "madre" al final. Tanto casadas como solteras, siempre son llamadas por el nombre de parentesco. Todos los días los hombres se quedan sentados en el terreno, con el hijo menor en el regazo, observando el ritual y conversando. A las 17:55 el ritual va al centro del terreno. A las 18:55 termina».

Sin embargo, la comunidad también afrontaba conflictos internos. El 5 de noviembre de 1983 se registró un incidente por relaciones inapropiadas: un joven fue acusado de mantener una relación con una menor y romper un matrimonio, lo que generó un proceso comunitario para resolver el problema.

5 de noviembre de 1983

«A las 5 el personal comienza a moverse. A las 5:30 todos reman hacia la aldea. Llegan al puerto alrededor de las 10. Cada familia va arreglando su carga y va a la aldea. El personal dijo que nació la hija de Atayna (sacerdote) hace ya veinte días.

Las mujeres, en cuanto llegan a la aldea, lo primero que hacen es encender el fuego. Luego traen agua. Cuelgan las hamacas y poco a poco van arreglando las cosas que trajeron: pescado, calabazas... Los hombres curten una hamaca y luego buscan leña y echan un vistazo a los mandiocales. Las mujeres preparan *beiju* y hacen chicha de miel. Los hombres recogieron bastante caña durante la estadía fuera de la aldea. Poco a poco van secándola y haciendo flechas de uso personal.

A las 18 Kaualy, Dalokuarece, Ualytere y Kayueta ofrecen pescado y *beiju* al personal. A las 19 comienza el ritual Salumã. Los hombres están sin adornos, con arco y flecha en la mano. Atayna (chamán) dirige los cantos alrededor del fuego y el resto del personal repite las estrofas. Cuando Atayna dirige los cantos, el resto del personal da gritos. Dicen expresiones cortas con el grito al final de la conversación. El ritual se prolonga hasta las 20. Durante el ritual las compañeras ofrecen chicha de miel a sus compañeros.

Atayna (el chamán) va por las casas y dice a cada familia, sobre todo a los hombres, que el joven [...][7], el chico que rompió el matrimonio hace meses, se queda en su casa porque se ha acostado con la chica de diez u once años. Los demás consideran que es una buena decisión. Kayokace (Dedare), hijo de Atayna (chamán), pasó a vivir en la casa de Xynare, ya que su esposa Laleroce es joven y formalizaron el matrimonio».

---

[7] Omitimos el nombre del joven, aunque Vicente lo anota en su diario.

En 1984, Vicente Cañas observa las actividades diarias relacionadas con la pesca y la utilización del timbó, una técnica tradicional empleada por la comunidad para capturar una gran variedad de peces. La descripción detalla el proceso colectivo y los métodos utilizados para asegurar una pesca exitosa, evidenciando la cooperación y el conocimiento ancestral que sostienen la economía alimentaria de la aldea.

17 de agosto de 1984

«A las 6 comienza la actividad en la aldea. Algunos van a recoger *cipó* para hacer timbó mañana. Regresan a las 17:30 con muchos peces. Hicieron timbó en una gran laguna. El timbó se hacía sobre las canoas. Una o dos veces alguien se sumergía para remover el lodo, ya que al hacer timbó se agita el lodo para mezclarlo con el *cipó*, con el fin de que los peces mueran más rápido. Capturan varias tarariras grandes, *piaus*, *tucunarés* y otros peces que murieron con el golpe del timbó».

Un día de septiembre de 1985, Vicente Cañas relata una jornada dedicada a la pesca comunitaria y a la celebración del ritual Salumã. La descripción resalta la importancia de las ofrendas, las danzas y las interacciones sociales que fortalecen los lazos entre los miembros de la aldea. Además, menciona las condiciones de salud de algunos niños, reflejando las preocupaciones cotidianas de la comunidad.

14 de septiembre de 1985 (sábado)

«A las 10 llego a la orilla del río 12 de Octubre con el río Camararé, donde la gente está acampada. La gente hace timbó y pesca. Hacen la ofrenda de pescado y *ketera* (Uyakanalo). Uno o dos niños tienen fiebre. Por la tarde comienza el ritual Salumã. Están sentados en el pequeño patio. Los cantos son los mismos que en el Kateoko. Poco a poco, la gente va eligiendo a su pareja (Uyakanalo). Las parejas, cuando van a pescar, ofrecen al regresar peces para sus parejas».

En 1987, cuando Vicente ya está totalmente integrado en la comunidad, documenta los rituales, así como las actividades diarias de la aldea relacionadas con la danza, la ofrenda de chicha y la siembra de maíz. La descripción refleja la continuidad de las tradiciones culturales y la adaptación de la comunidad a las condiciones climáticas, como las lluvias recientes, que influyen en sus labores agrícolas.

1 de enero de 1987 (jueves)

«Hacia las 4:30 comienza el ritual Salumã. Los festejantes (*festeiros*) mantienen el fuego encendido. A las 7 hacen una pausa. A las 7:30, Kayoko recorre las casas y conversa brevemente con la gente. A las 9:10 el ritual Salumã se reanuda en el *terreiro* (patio). A las 11:30, el ritual deja el *terreiro* y pasa por las casas, donde en algunas se dialoga con los festejantes. A las 15:40 se dirigen al centro del *terreiro* y a las 15:50 termina. Este fue el fin del ritual Salumã, en el que las mujeres eran las "parejas" (compañeras). Hasta hoy se comen los peces traídos de la pesca, aunque ya no hay en todas las familias. Cuando un ritual es largo, al terminar, quienes fungieron de festejantes suelen hacer un ritual aparte. Hoy terminó el ritual Salumã, donde las mujeres eran las festejantes, así que serán ellas quienes realicen su propio ritual durante algunos días. Veremos mañana.

Por la tarde, a las 17, la gente juega a la pelota hasta las 19:30. Los hombres traen troncos para mantener el fuego en el centro del *terreiro*».

Las relaciones interpersonales en la aldea Enawenê-Nawê, descritas por Vicente Cañas en su diario, son esenciales para la cohesión social, el bienestar colectivo y la preservación de su identidad cultural. Estas relaciones abarcan aspectos familiares, comunitarios, espirituales y de reciprocidad, garantizando tanto la supervivencia como el mantenimiento de una red de vínculos que trasciende lo material.

La familia es el núcleo de las relaciones en la aldea. Los miembros colaboran en actividades como la recolección de alimentos, la preparación de chicha y el cuidado de los enfermos, reflejando una solidaridad que se extiende al ámbito comunitario. En la familia se aprenden valores como el respeto, la colaboración y la ayuda mutua, que guían la vida colectiva.

Más allá de la familia, la vida comunitaria está marcada por una interdependencia en la que cada persona cumple un papel crucial. Actividades como la pesca, la recolección de miel y los rituales fortalecen los lazos sociales y espirituales, garantizando el sustento y promoviendo la solidaridad. La reciprocidad, como ciclo de dar y recibir, es un valor central que refuerza estas dinámicas.

Los rituales no solo expresan la espiritualidad, sino que también consolidan la cohesión social. En estas ceremonias, los miembros renuevan su compromiso con la comunidad y su relación con la naturaleza, creando un espacio de unión que trasciende lo individual.

Frente a las dificultades internas, como enfermedades y falta de recursos, las relaciones comunitarias se vuelven aún más importantes. En estos contextos, la cooperación y el apoyo mutuo se intensifican, permitiendo a la comunidad enfrentar la adversidad mientras preserva su autonomía y su cultura.

La resolución de conflictos en la aldea se basa en el diálogo y la mediación, priorizando la armonía y la cohesión social sobre los intereses individuales. Este enfoque colectivo refleja la importancia del bienestar común como principio fundamental. La transmisión de conocimientos entre generaciones es otro elemento clave. Los ancianos, como guardianes de la memoria y las tradiciones, educan a los jóvenes a través de la participación en las actividades comunitarias, asegurando la continuidad cultural y el sentido de pertenencia.

Finalmente, las relaciones con el entorno natural, basadas en el respeto y la reciprocidad, complementan los vínculos humanos, reflejando una visión integrada de la vida. Esta conexión con la naturaleza fortalece la identidad cultural y subraya la capacidad de los Enawenê-Nawê para resistir las presiones externas que amenazan su modo de vida.

4. Conexión con la naturaleza y las estaciones

Las primeras horas de aquella mañana trajeron una lluvia mansa e inesperada. El sonido de las gotas sobre las hojas transformó la rutina: nadie salió a pescar ni a trabajar en el mandiocal; la gente buscó refugio, mientras los niños jugaban en los charcos que se formaban. Vicente, bajo un techado improvisado, escribía sobre el contraste entre la espera silenciosa y la algarabía de los más pequeños.

8 de abril de 1983

«Llueve una lluvia pausada todo el día. La lluvia es extemporánea. Permanecemos en el campamento».

Pocos meses después, la sequía se adueñó de la región. Vicente observaba cómo el timbó se convertía en un recurso esencial para pescar en lagunas con poca agua. El clima no solo alteraba la dinámica de la pesca, sino que también hacía las noches más frías de lo habitual. Pese a esas dificultades, la danza y las ceremonias no se detenían, y la comunidad hallaba en cada ofrenda un motivo para reafirmar sus lazos.

En junio, Vicente viajó con un grupo que recorría el río Juruena. Desde el campamento describía la armonía de la recolección de miel y la pesca de *trairas* y *piaus*, mientras otros recogían tubérculos en una antigua chacra de maíz. El trajín del día se desplegaba entre bromas y juegos, y Vicente sentía cómo la tierra nutría tanto el estómago como el espíritu de la comunidad.

21 de junio de 1983

«Pescamos siete *trairas*, un *pintado* y varios *piaus* en la parte de la tarde. Se extrae miel. Es interesante notar cómo los muchachos se las arreglan para su propio sustento. Juegan todo el día, que no es poco, pero por la noche duermen como piedras».

Ese octubre regresaron las lluvias con tormentas intensas. En plena navegación, Vicente y sus acompañantes se vieron obligados a buscar un lugar seguro para acampar. El estruendo de los truenos y el rugir de las cascadas acompañaban los esfuerzos por encender fuego y proteger a las familias del frío y la humedad. Aun así, entre el temor y la admiración, Vicente percibía la vitalidad de la naturaleza y la manera en que la comunidad se sincronizaba con cada uno de sus caprichos climáticos.

18 de octubre de 1983

«Truena mucho de madrugada y llueve bastante y de forma intermitente. Alrededor de las 9 el tiempo mejora y cesa la lluvia. El personal levanta el campamento y sube. Alrededor de las 17 dejan de remar y hacen campamento. A las 18 todo está listo y las familias están acomodadas y protegidas de la lluvia. Están en la margen izquierda del Juruena, cerca de las cascadas. Llueve bastante de noche».

En el corazón de la selva, los ciclos de la naturaleza marcan el ritmo de la vida cotidiana. Vicente Cañas, en la entrada de su diario fechada el 1 de enero de 1984, nos ofrece una vívida escena del tiempo de recolección y abundancia, cuando la pesca, la búsqueda de miel y la cosecha de maíz congregan a las familias indígenas en torno a la celebración y la comunión. La tierra, generosa tras la estación de lluvias, ofrece sus frutos, y los rituales tradicionales, como el Salumã, expresan la gratitud y la alegría de los pueblos originarios en sincronía con los movimientos de los ríos, las estaciones y el sol. Esta crónica revela no solo el quehacer diario sino también la profunda relación espiritual y comunitaria que une a los habitantes de la Amazonía con los ritmos de la naturaleza.

1 de enero de 1984

«A las 4:30 levantamos el campamento y bajamos pescado. Pescamos mucho. Llegamos a la aldea hacia las 16. Anteayer llegó otro grupo que estaba buscando miel. Las mujeres, durante los días en que los hombres permanecieron en la aldea, salieron a recolectar *pequi*. Otro grupo que había ido a buscar miel llegó por la tarde. Este grupo se había ido al río Iquê, también en busca de miel, y trajeron maíz y algunos peces. Al entrar en la aldea, los hombres lanzan los gritos típicos del Yãkwá. Los hombres colocan en el patio las calabazas llenas de miel y llaman a sus compañeras; conversan brevemente y les ofrecen la miel en las calabazas. Las mujeres recogen las calabazas llenas y las llevan a sus casas. Cada grupo que va llegando realiza el mismo procedimiento. Solo falta que llegue un grupo. Tan pronto como llegan los hombres, las mujeres preparan *olocuare* y todos comen. Cuando los hombres pasan varios días fuera de la aldea, a su regreso hay mucha alegría para quienes se quedaron. A las 18:50, el grupo que había ido río arriba por el Camararé empieza el ritual Salumã. El ritual se inicia en la dirección del camino que siguieron cuando partieron (y por el cual regresaron), hacia el poniente. Terminan a las 19:15. Inmediatamente, el grupo que fue al Camararé medio y hacia el camino del norte comienza el ritual Salumã. Terminan a las 19:45. El fuego fue cuidado por las mujeres. Hacia las 23 llega el otro grupo. Dan gritos y despiertan a todos. Fueron a buscar miel cerca de la confluencia del Camararé con el Juruena. Justo después de llegar, realizan el ritual Salumã».

Una tarde del mismo año 1984, Vicente Cañas documenta el inicio del ritual Yãkwá en las primeras horas de la madrugada. La comunidad se moviliza en busca de paja mientras hace frente a las dificultades de un río Iquê seco y lleno de tocones, reflejando la estrecha relación entre sus tradiciones y el entorno natural.

27 de diciembre de 1984

«A las 2:30 comienza el ritual Yãkwá, terminando a las 3:40. La gente busca paja. Las dos niñas menstruadas siguen recogidas. Voy a nuestro campamento para cargar combustible, ya que está en la orilla del Papagaio. El río Iquê está seco y lleno de tocones, lo que ocasiona varios choques. Llego a nuestro campamento a las 14».

De nuevo, esta vez en pleno invierno, Vicente relata una jornada dedicada igualmente al ritual Yãkwá. Cuatro fogatas y diversos grupos musicales llenan la noche, mientras la comunidad equilibra sus celebraciones con labores como la tala y la preparación de objetos de madera, mostrando cómo las estaciones influyen en sus actividades cotidianas.

18 de julio de 1985 (jueves)

«En la madrugada comienza el ritual Yãkwá. Son cuatro fogatas y cinco grupos: Maracá, Teyro, calabazas y flautas huecas, flautas de agua, flauta rota. Los festejantes ofrecen *ketera*. Kauyaloceene, Lalauyare y Tenakwa son los festejantes. Terminan cuando ya está claro el día. Después se forma otro grupo con flautas rotas (Totokuhy), que terminan después. La gente va al trabajo, ya que la demarcación ya está lista. Hay tala y siega, pero solo se derriba un árbol. La gente se queda sentada charlando y haciendo objetos de madera que se les piden. Esta chacra solo se sembrará dentro de dos años, según dicen. Al regresar se forman los grupos y comienza el ritual. Los festejantes ofrecen sal a la gente cuando se visten con los adornos y, cuando están haciendo el ritual, ofrecen chicha, y luego van terminando. Se queda un grupo, cuando termina comienza otro, y así sucesivamente hasta la noche».

Con la llegada de la primavera, en 1986, Vicente describe una jornada de búsqueda de miel y pesca en un paisaje cambiante. Encuentros inesperados, como campos de aviación y una casa quemada, añaden un elemento de tensión al relato, evidenciando los desafíos que enfrenta la comunidad en su entorno natural.

20 de octubre de 1986 (lunes)

«Kayokace va a buscar miel, ya que no hay miel. Ayer su mujer fue a buscar miel con varias mujeres. Yo seguiré yendo a pescar y esperando hasta que lleguen los hombres. Me quedaré en las cascadas. Por la tarde llegan los hombres. Pescaron muchos peces. Fueron hasta la línea telegráfica. Caminaron por el camino y vieron un campo de aviación. Había más de cincuenta tamboretes de plástico. Cogieron seis tamboretes nuevos. También cogieron una olla de plástico. Y una red de pescar. No vieron gente. Cerca del río vieron un tumulto y, por lo que dicen, es reciente. Huele mal y un armadillo se comió el cadáver. También vieron una casa quemada».

En estos fragmentos queda patente la mutua dependencia entre la gente y el entorno que habita. Ya sea bajo la lluvia repentina o en medio de la sequía, la comunidad se adapta con ingenio y perseverancia. Cada etapa del año traía nuevas tareas, rituales y preocupaciones, y Vicente registró no solo la crónica de esos cambios sino también la fortaleza colectiva que permitía a la aldea florecer en cualquier estación. La conexión de los Enawenê-Nawê con la naturaleza y las estaciones es un eje central de su identidad cultural y su cosmovisión. Según el diario de Vicente Cañas, esta relación se caracteriza por una interacción respetuosa y simbiótica. La naturaleza no es solo un recurso sino una entidad viva y espiritualmente significativa, que guía el ritmo de la vida en la aldea. Su comprensión de los ciclos naturales y su sensibilidad hacia los cambios del entorno reflejan un conocimiento profundo.

Las estaciones marcan no solo las actividades diarias sino también los ciclos espirituales y rituales. Cada cambio estacional es un momento de reciprocidad con la naturaleza, donde actividades como la pesca, la recolección de miel o la siembra de mandioca y maíz se realizan en armonía con los ciclos de la tierra y con una dimensión espiritual que reafirma su conexión con el entorno. Las ceremonias, que incluyen cantos y danzas, expresan gratitud y respeto hacia la naturaleza, convirtiendo cada estación en una oportunidad para celebrar y renovar su relación con ella.

La adaptación a los cambios estacionales demuestra la sabiduría ancestral de los Enawenê-Nawê. Durante la temporada de lluvias, la pesca adquiere mayor relevancia, aprovechando el aumento de los ríos, mientras que en la estación seca predominan actividades como la recolección de alimentos terrestres, la caza y la siembra. Estos ciclos no solo afectan a la disponibilidad de recursos sino también a la organización social, el trabajo colectivo y la distribución de alimentos, mostrando una armonía constante con el entorno natural.

En esta conexión con la naturaleza también destaca su visión de interdependencia entre todos los seres vivos. La naturaleza no es solo un proveedor sino un sujeto activo con el que las personas interactúan a través de los ciclos estacionales. Los actos humanos, como la pesca o los rituales, son respuestas a esa relación, fortaleciendo los lazos comunitarios y renovando el compromiso con su entorno. Finalmente, este vínculo subraya la importancia de la sostenibilidad. Los Enawenê-Nawê no solo viven de la tierra, sino que la cuidan, conscientes de que su supervivencia depende de respetar los ciclos naturales. Sus prácticas, como la pesca, se realizan con gratitud y responsabilidad, asegurando que los recursos se usen de manera equilibrada. Su enfoque refleja una comprensión profunda de que el bienestar de los seres humanos está intrínsecamente ligado a la salud del entorno que los sustenta.

5. Alimentación

La alimentación es otra piedra angular en la vida de los Enawenê-Nawê. El 4 de julio de 1977, Vicente describió cómo se preparaba la chicha de mandioca y maíz, un alimento básico tanto en la vida cotidiana como en los rituales.

4 de julio de 1977

«Las mujeres, como casi todos los días, arrancan mandioca y preparan la chicha (*ketera*) de agua de mandioca, maíz y batata, todo hervido. Algunos niños están con fiebre».

El 13 de septiembre de 1982, Vicente observaba cómo las prácticas comunitarias de pesca y distribución de alimentos demostraban la importancia de la colaboración y el sustento compartido.

48 VICENTE CAÑAS, SJ

13 de septiembre de 1982

«Las familias de Yalouynaceatokue se están preparando para salir de la aldea.
Ualytere y su esposa regresan hoy; trajeron bastante maíz y algodón y algunos peces. Los grupos se van a dividir por los ríos Juruena, Camararé, 12 de Octubre, Iquê y João Rios, pescando, recolectando miel y haciendo trampas para capturar *macucos*[8] y otras aves de la misma familia.
Algunos hablan de hacer canoas.
Se detienen algunos días en las chacras del medio Camararé para consumir mandioca, pues hay bastante.
Hoy los hombres salen a pescar con anzuelos y flechas. Se extrae bastante miel.
Algunos hablan de ir a buscar castañas.
Kayouekua y Atayna (sacerdote) ofrecen pescado al personal, ya al atardecer, y *olocuare* con *beiju*».

A través de relatos detallados de los días 28, 29 y 30 de marzo de 1984, Cañas nos muestra cómo la pesca no solo provee sustento, sino que también fortalece las tradiciones, fomenta la colaboración comunitaria y permite hacer frente a desafíos naturales y sociales. Cada día de pesca revela aspectos únicos de la interacción entre los habitantes y su entorno, subrayando la resiliencia y la adaptación de la comunidad ante las variaciones estacionales y los imprevistos.

Una mañana temprano, la comunidad se moviliza para recolectar paja y materiales esenciales para asar los abundantes peces capturados en las trampas del río Iquê. La jornada está marcada por una gran recolección de *piaus* y *matrinxãs*, así como por la colaboración en la preparación de alimentos. Sin embargo, un susto inesperado ocurre cuando Lolame, un niño, queda atrapado en una de las trampas, recordando a todos la

---

[8] *Macuco*: ave de la familia del *tinamú*, apreciada por su carne.

estrecha relación entre la actividad pesquera y la seguridad comunitaria. Al caer la noche, las historias de antiguos atrapados se entrelazan con otras tradiciones orales, fortaleciendo los lazos sociales.

28 de marzo de 1984

«A las 5:30 se encuentran varios *piaus* y *matrinxãs* en las trampas. Se recolectan dos colmenas de miel europea. La gente recoge tallos de *burití* y varas para asar los peces. A las 12:30 se verifican las trampas y se retiran muchos peces, más de doscientos. Las vísceras de los peces se aprovechan para comer, mezcladas con harina (*makalahy*). Las vísceras se enrollan en hojas y se ponen a asar. La comida es similar a la *farofa*. También preparan para llevar a la aldea. Nadie aprovecha las vísceras que recoge en su propia trampa, sino que recogen las vísceras de los peces capturados en las trampas de otros. Uno las intercambia con otro, de la misma manera que se intercambian los peces. Nadie come los peces que caen en sus propias trampas.

A las 17 se retiran muchos peces de las trampas. Lolame, un niño, estaba jugando en la orilla de la presa y fue arrastrado por el agujero de una de las trampas, quedando con la cabeza dentro del agua. Por suerte, su hermano Kueyroceene y otros hombres vinieron y sacaron al niño. Solo fue un susto. De noche salen los *contos* (las historias) de aquellos que en otras épocas quedaron atrapados en las trampas, incluidos hombres grandes».

El amanecer trae consigo una nueva misión: Kueyroceene, Laluyare y Camararê se dirigen a la barra para recolectar cortezas de árboles, esenciales para la fabricación de nuevas trampas. A pesar de las dificultades iniciales, logran reunir los materiales necesarios y regresan para continuar con la pesca. La tarde se llena de actividad con la captura masiva de *ma-*

trinxãs, y el calor del fuego dentro de las viviendas resalta la dedicación de la comunidad para asar el pescado. Este día subraya la importancia de la preparación y el esfuerzo colectivo para asegurar una alimentación abundante.

29 de marzo de 1984

«A las 5 Kueyroceene, Laluyare y Camararê van hasta la barra para buscar cortezas de árboles (*matá*), que no se trajeron cuando vinieron, ya que las canoas estaban llenas. Estas cortezas están destinadas a la fabricación de un mayor número de trampas. A las 5:30 se retiran muchos peces de las trampas. A las 11 se retiran entre cuatrocientos y seiscientos peces, siendo muchas *matrinxãs*. Todos los días por la tarde se busca leña para asar los peces. Dentro de la casa hace mucho calor, debido al fuego en el que se asan los peces. A las 17 se recoge mucho pescado».

La jornada se inicia con una gran cantidad de peces retirados de las trampas, mientras nuevos pescadores regresan de sus expediciones a la barra del 12. La comunidad se divide entre quienes permanecen en la aldea para procesar la sal, limpiar los caminos y preparar rituales, y aquellos que continúan pescando en el río Olouinã. Las largas conversaciones nocturnas revelan tensiones internas, como los casos de envenenamiento, que ponen a prueba la cohesión social. Este día destaca la dualidad entre la colaboración para el sustento y los desafíos a los que se enfrentan las relaciones comunitarias.

30 de marzo de 1984

«A las 5:30 se retiran muchos peces de las trampas. A las 8 llegan las tres personas que ayer fueron a la barra del 12 con el Camararé. Los festejantes que quedaron en la aldea son: Orytakaene, Xynare, Toaly, Kayokace, Solamenakua, Kokore (Salumã), Xalokua y Kauyaloceene. Daduyare también es festejante, pero fue a la presa. Las personas que fueron a la presa del río Mutum son: Atayna (chamán), Dedare, Anaure, Zakaka, Lonece, Yalauyanaceatokue, Lalore (paralítico), Ynareceene, Ynarece, Dodouery, Walytere, Laluyare, Kueyroceene y también 7 niños. El resto de los hombres fueron al río Olouinã con algunos niños.

Los festejantes que quedaron en la aldea harán sal, limpiarán el camino que lleva al puerto, buscarán maíz en el río Iquê, recibirán al personal cuando regresen de pescar y cuidarán de los rituales que vienen después de la pesca. La gente que llegó con las cortezas hace nuevas trampas. Se retiraron algunos peces de las trampas a las 11:30, la mitad de lo que se recolectó ayer. A las 17:30 se retiran unos cien peces de las trampas. Las conversaciones de la noche fueron largas, pues contaron los casos de envenenamiento por el mismo grupo».

La alimentación de los Enawenê-Nawê está profundamente vinculada a su cosmovisión, prácticas comunitarias y relación con el entorno natural. Más allá de satisfacer necesidades físicas, su dieta refleja valores de reciprocidad, respeto por los recursos y solidaridad.

Vicente Cañas describe cómo estas comunidades dependen de recursos como la pesca, la recolección de miel y cultivos como maíz, mandioca y batatas. Estas actividades, esenciales para su sustento, se realizan colectivamente, y los alimentos se distribuyen entre las familias, reforzando el valor comunitario y el bienestar común.

La pesca, más allá de su función práctica, es un acto cultural y ritualizado. Los peces, junto con la miel recolectada, se comparten equitativamente entre todos los miembros, asegurando el acceso universal a esos recursos. A menudo acompañada de cantos y rituales, la pesca representa un equilibrio con la naturaleza y un gesto de gratitud hacia sus dones.

La preparación de la chicha, a base de mandioca y otros vegetales, también destaca esta conexión con la tierra. Más que una bebida, la chicha es símbolo de comunión, compartida generosamente en rituales y actividades diarias, fortaleciendo los lazos comunitarios. La alimentación tiene además una dimensión espiritual. Rituales como danzas, cantos y ceremonias se integran con la recolección y distribución de alimentos, subrayando la interacción constante entre lo material y lo espiritual. La distribución del pescado y la chicha refuerza tanto los vínculos sociales como el sentido de pertenencia. No obstante, los miembros de la comunidad se enfrentan a desafíos como enfermedades y escasez de recursos médicos, que afectan a su autosuficiencia. A pesar de ello, la comunidad demuestra resiliencia, adaptándose a las adversidades mientras preserva sus prácticas tradicionales, fundamentales para su identidad y autonomía.

En síntesis, la alimentación de los Enawenê-Nawê es un elemento central de su vida cultural y espiritual. Su relación con la naturaleza es simbiótica: cada acto de pesca, recolección y consumo reafirma su identidad y conexión con el entorno. En medio de dificultades, la autosuficiencia y el sustento compartido son pilares que sostienen su vida y su resistencia cultural.

6.   Conclusión

Este capítulo ha explorado la vida cotidiana de la comunidad Enawenê-Nawê, revelando cómo sus actividades, rituales y relaciones interpersonales reflejan una cosmovisión profundamente arraigada. A través del diario de Vicente Cañas, se destaca cómo esta comunidad organiza su existencia integrando lo material y lo espiritual, enmarcada en un respeto hacia la naturaleza, las tradiciones y su identidad cultural.

Una característica esencial de su vida es la integración de lo práctico con lo simbólico. Actividades como la pesca, la recolección de miel, la siembra de mandioca y la preparación de alimentos se realizan con una dimensión ritual que va más allá de su función material. Estas prácticas no solo aseguran la supervivencia física, sino que también expresan una reciprocidad con la naturaleza y los espíritus. Los rituales de pesca y ofrenda, así como las danzas alrededor del fuego, refuerzan la conexión entre las acciones cotidianas y un significado trascendental que consolida los lazos comunitarios.

La solidaridad es un principio rector en la aldea. Las tareas se realizan colectivamente y los recursos, como el pescado y la miel, se distribuyen de manera equitativa, promoviendo el bienestar común. Este modelo de cooperación fortalece las relaciones de confianza y respeto, extendiéndose más allá de la familia nuclear hacia toda la comunidad. La unidad colectiva no solo sustenta la vida diaria, sino que también construye un tejido social resiliente frente a desafíos externos.

Ante la escasez de recursos, las enfermedades y las tensiones con el mundo no indígena, los Enawenê-Nawê muestran una notable capacidad de adaptación. A pesar de las presiones externas, la comunidad preserva sus tradiciones y refuerza su cohesión interna, utilizando sus propios marcos culturales para hacer frente a la modernidad. Los rituales, además de ser momentos de celebración, funcionan como mecanismos de reafirmación colectiva, renovando los compromisos con la naturaleza y entre los miembros de la aldea.

Su relación con el entorno natural es central en su modo de vida. La pesca, la caza, la recolección y la agricultura no son solo actividades económicas sino prácticas profundamente vinculadas a un ciclo de respeto y reciprocidad con la tierra. La naturaleza es comprendida como una entidad viva y significativa, cuyos ritmos marcan el calendario de la comunidad. Cada estación es recibida con celebraciones y ofrendas que expresan gratitud por los dones recibidos, reforzando la conexión con el entorno.

En este contexto, la vida cotidiana no se limita a la subsistencia, sino que es una construcción colectiva de sentido y pertenencia. Cada jornada, marcada por el trabajo compartido y los rituales, reafirma su identidad cultural y su resistencia frente a las amenazas externas. La comunidad, con su relación armónica con la naturaleza y su densa estructura de solidaridad, ofrece un ejemplo de cómo vivir de manera plena y sustentable.

En síntesis, este capítulo no solo documenta la vida de los Enawenê-Nawê, sino que invita a reflexionar sobre valores como la comunidad, la espiritualidad y la convivencia con la naturaleza. A través de la perspectiva de Vicente Cañas, se presenta un modelo de resistencia cultural y de armonía con el entorno, que sigue siendo relevante como inspiración para una vida más equilibrada y significativa.

2
Rituales y espiritualidad

1. Introducción

Para los Enawenê-Nawê, los rituales son el eje que da sentido a cada aspecto de la existencia: la pesca y la siembra, la crianza de los niños, las ceremonias de transición y la defensa de su territorio se entretejen con cantos, danzas y ofrendas. Vicente Cañas, misionero y etnógrafo, vivió durante años con esta comunidad y plasmó en su diario la vitalidad de un pueblo cuya fe se expresa tanto en la alegría del amanecer como en la solidaridad frente a la adversidad.

Los fragmentos que siguen nos muestran cómo las celebraciones importantes, las reflexiones espirituales y la vinculación entre fe y prácticas culturales convergen en una trama inseparable. La flauta, la chicha de miel y el timbó resuenan en cada página, revelando la profunda conexión de los Enawenê-Nawê con la naturaleza y la necesidad de mantener vivo su legado espiritual.

2. Celebraciones importantes (cosechas, rituales de transición)

La jornada comenzaba antes de que el sol asomara. El eco de flautas y cantos impregnaba la aldea, congregando a las familias para compartir el pescado capturado. En esta lógica, la pesca no pertenece a un individuo sino a la colectividad. Vicente observa cómo, pese a la fiebre de algunos niños, la danza se prolonga hasta el anochecer, inundando el espacio de colores de urucú y penachos de paja de *burití*. Dos niñas, de apenas siete años, participan con una energía que simboliza la continuidad de la tradición entre las generaciones.

5 de julio de 1977

«Toda la pesca que capturan, los peces grandes, se reparten comunitariamente. Hoy, desde las dos de la madrugada hasta las 20:30 sin parar, tocaron y bailaron, primero en el patio y luego dentro de las casas, donde pasan todo el día bailando. Es el fin del ritual, de todas las ceremonias, pintados y adornados con sus penachos y paja de *burití*. Algunos niños están con fiebre; algunos salen a pescar. Dos niñas participaron toda la tarde en la danza. Aparentan siete años. Están adornadas con collares y pintadas con urucú».

Los rituales son el corazón de la vida de los Enawenê-Nawê, marcando el tiempo y reforzando los lazos entre los miembros de la comunidad. El ritual Salumã, celebrado el 9 de julio de 1977, reunía a los participantes en torno al fuego, donde cantaban y bailaban al son de flautas. Este rito se complementaba con la preparación y reparto de chicha, reflejando su conexión espiritual y social.

9 de julio de 1977

«A las cuatro de la madrugada comenzó el ritual que llaman Iahinh Cose e Inkama Natarene [Salumã]. Amanece y paran. Hay varias clases de flautas y cantos. A las 15 comienzan de nuevo a bailar y a tocar las flautas y entonar cantos, con sus penachos típicos y pinturas de urucú. Forman dos círculos en el patio y al atardecer encienden el fuego. Hacen una pausa para beber chicha, que es repartida. Se reparte el pescado haciendo una ceremonia; comen y dan a las familias. Luego continúan cantando y bailando, tocando varias clases de flautas. Un grupo para de bailar a las 20, otros a las 21:30. No usan maracas en esta danza».

Más tarde, el 23 de septiembre de ese mismo año, las danzas en círculos y los cantos colectivos se intensificaron, reafirmando la importancia de compartir alimentos como una expresión de unidad.

23 de septiembre de 1977

«Comienzan de madrugada y continúan hasta las 18, sin parar, dentro de las casas y en el patio. Al final, se reparte frijol *fava*. También bailaron las muchachas de ayer.

Casi todas las mujeres trabajan con algodón, haciendo redes, etc. Las mujeres tienen menos trabajo que en los meses anteriores, pues ya habían hecho y secado las bolas de *beiju*».

Otro rito significativo es el ritual Lerohy, documentado a lo largo de todo el diario; el 24 de diciembre de 1979 lo recogió por primera vez. Este ritual implicaba recorrer las casas de la aldea cantando y distribuyendo *ketera*, una bebida tradicional, fomentando así la conexión espiritual y la cohesión comunitaria. Estas ceremonias muestran cómo lo sagrado impregnaba la vida cotidiana de los Enawenê-Nawê, asegurando la transmisión de tradiciones y valores a las generaciones futuras.

24 de diciembre de 1979

«Temprano tocan el Lerohy. Juegan a la pelota. Todos se quedan en la aldea. Los hombres juegan mucho. Por la tarde, tocan el Lerohy dentro de las casas. Quienes tocan el Lerohy son: Kaualy, Makakoyarene y Kayoko. Ualytere ofrece chicha. Mejoran las heridas del personal. Oloualo continúa como un esqueleto».

En 1983 Vicente describe con más exactitud el proceso de los rituales tras la siembra y cosecha del maíz. La bebida fermentada llamada *ketera* preside la celebración, fortaleciendo la cohesión social. Mientras algunos hombres acuden al *mataxi* (lugar de pesca), otros improvisan un partido de pelota. La llegada de las familias que estaban en el río Iquê completa el cuadro festivo, al tiempo que aparece la preocupación por los casos de *bernes*[1] en los niños. Esta dualidad –juego y enfermedad, música y cuidados– revela una comunidad que equilibra la alegría con la atención a sus miembros más vulnerables.

31 de enero de 1983

«A las 3:30 comienza el ritual. Luego se ofrece *ketera*. Los mismos grupos de ayer. El primer grupo termina a las 5:30. A las 6 termina otro y luego el último. Los hombres se quedan en la aldea. Uno u otro van a ver el *mataxi*. Se juega a la pelota. Todavía faltan por llegar tres familias del río Iquê, pues aún no terminaron la cosecha del maíz. Aparecen varios casos de *bernes* en los niños. Por la tarde llegan las tres familias que faltaban».

En septiembre, la aldea entra en un nuevo ciclo. El trabajo en el mandiocal y la pesca se funde con el Kateoko, un ritual donde el *ketera* fluye mientras los cantos y las flautas marcan el compás de las diversas danzas. Vicente constata que la participación se extiende a toda la comunidad: mujeres que preparan mandioca, jóvenes que navegan en canoa recolectan-

---

[1] *Bernes*: larvas de mosca que se introducen en la piel, causando abscesos; se requiere tratamiento para su extracción.

do miel o crías de loro, y ancianos que acompañan los cantos hasta bien entrada la tarde.

20 de septiembre de 1983

«A las 2:15 comienza el ritual. Luego los compañeros ofrecen *ketera* a las compañeras. A las 5:50 termina. Varios hombres van a pescar, otros a buscar miel, otros a limpiar el mandiocal. Los dos Ualytere, Kauyaloceene, Koxyhy, Xynare y también los hijos de estos y una niña van hasta las chacras del alto Juruena, donde tienen algodón plantado, para recolectarlo. También buscan miel y pescan. Fueron en canoa, por lo que descendieron el Camararé hasta su desembocadura en el Juruena. Subieron el Juruena hasta llegar a las chacras y de allí a la línea telegráfica. Buscan los nidos de loros para sacar crías. Todo esto les llevará aproximadamente diez o quince días.

Cada mujer busca mandioca en sus chacras particulares para hacer el *ketera* que los hombres ofrecen a sus compañeras. Esto ocurre todos los días en el ritual Kateoko. La familia que no provee la chicha *ketera* ofrece chicha de miel y, si no hay miel, ofrece chicha *oleniti*.

El día permanece nublado, amenazando lluvia. Efectivamente, llueve un poco.

A las 16 comienza el ritual Kateoko en la casa de Orytaka. Kayokace y Kayoko dirigen los cantos. Anaure y Kokore (Salumã) recogen cinco crías de loro.

Ofrecen chicha por las casas. A las 17:55 van al centro del terreno y los compañeros van ofreciendo chicha de miel. A las 19:15 terminan el ritual. Después, los hombres comienzan el juego de golpear el pilón, como si estuvieran moliendo, y ocurre esa batucada de casa en casa».

En vísperas del nuevo año de 1985, la comunidad se prepara para el ritual Yãkwá, una ceremonia que fortalece los lazos y celebra la abundancia de la naturaleza.

26 de diciembre de 1984

«A las 2:15 comienza el ritual Yãkwá. Termina a las 3:30. La gente se retira a sus casas y disfruta de una buena red. A las 5 tocan las flautas y la gente comienza a trabajar en las casas. Se busca paja de *burití* y de palma de corazón. Regresan con la paja y la dejan dentro del lugar donde se construirá la casa. Kawairi también amplía la casa. La gente se distribuyó más o menos como estaban en el asentamiento del maíz. Xynawa permanece solo con una familia, como anteriormente, cuando vivía en una casa. Atayna (sacerdote), que vivía solo en una casa, así como Kayouekwa, están construyendo la casa junto con el yerno de Atayna, que es Kodaitaene. Se busca paja y los jóvenes juegan al fútbol. Los niños juegan al fútbol y a *peteca*. La alimentación es básicamente de pescado y maíz, con frutas de *bacaba*, *pequi* y *burití*».

Con la llegada del otoño de 1986, los rituales Lerohy y Yalinã marcan la transición estacional, integrando danzas y ofrendas que reflejan la armonía con la naturaleza.

14 de agosto de 1986 (jueves)

«A las 3:30 comienzan los rituales Lerohy y Yalinã. Se ofrece *ketera*. El grupo de Lerohy se dirige a las casas al mediodía. Las mujeres también participan en la danza. El grupo de Yalinã termina a las 6:30 y el de Lerohy termina a las 7:45. A las 10 comienza de nuevo, va por las casas y a las 18 van al patio. Las mujeres que bailan ofrecen chicha a su pareja. A las 18:30 termina el grupo de Yalinã y a las 19:30 termina el grupo de Lerohy. Ayer llovió un poco y hoy la gente plantó maíz».

Las celebraciones, como las cosechas y los rituales de transición, desempeñan un papel central en la vida de los Enawenê-Nawê, tal como lo relata Vicente Cañas. Estos eventos, además de su dimensión espiritual y simbólica, refuerzan la cohesión social y los vínculos con la naturaleza y los espíritus protectores.

El ritual de la cosecha, por ejemplo, integra la preparación de la chacra, la siembra y la recolección en un ciclo de agradecimiento hacia la tierra. Actividades como las danzas y cantos rituales alrededor del fuego, junto con las ofrendas de chicha, *beiju* y sal, expresan gratitud por los frutos recibidos. Estos momentos reúnen a la comunidad para compartir alimentos que simbolizan la abundancia brindada por la naturaleza y los espíritus.

Los rituales de transición también son esenciales para marcar cambios en la vida individual y colectiva. Asociados con eventos significativos, como la llegada de nuevas estaciones o el paso de la niñez a la adolescencia, ceremonias como el Kateoko o el Salumã combinan danzas, música de flautas y alimentos rituales preparados por las mujeres. Estas prácticas no solo agradecen la vida, sino que también buscan la protección de los espíritus y refuerzan la continuidad cultural.

Más allá de su dimensión simbólica, estas celebraciones fortalecen a la comunidad al unir a sus miembros en torno a valores compartidos. A través de los rituales, los Enawenê-Nawê preservan sus tradiciones, gestionan sus recursos naturales y sostienen su identidad frente a los desafíos externos. Cada celebración es una oportunidad para renovar la relación con los elementos naturales y consolidar los lazos de solidaridad que sustentan la vida comunitaria.

3.   Reflexiones sobre la espiritualidad Enawenê-Nawê

La observación de Vicente, anotada en septiembre de 1979, sobre cómo nadie construyó su propia casa, sino que otros la hicieron para cada uno, enfatiza el principio comunitario de cooperación, que no solo tiene una dimensión social sino también espiritual. En este acto de trabajo compartido, la comunidad reconoce que la construcción de un hogar no es solo un esfuerzo físico sino una creación en armonía con los espíritus que habitan en el territorio y en la vida cotidiana.

22 de septiembre de 1979

«Finalmente, por la mañana temprano limpian el patio, pero no totalmente. Algunos hombres van a pescar y recoger miel: Lonece, Kaualy, Atayna, Macacoyare, Yanalyry, Toaly, Kayokace y Kiwxi. Vamos a pescar y a recolectar miel. Es una pesca de las lluvias, para hacer un ritual con hechizo de la nueva aldea. En cuanto al hechizo de la nueva aldea, es interesante notar que nadie hizo su propia casa; otros la hacían y todos trabajaban».

La muerte del bebé a principios de 1980 y el ritual de canto Yanomayty, realizado por Kaualy y Ualytere, son manifestaciones de la cosmovisión Enawenê-Nawê sobre la muerte y el tránsito hacia el otro mundo. En la espiritualidad indígena, la muerte no es el final sino una transición hacia otro estado, que debe ser acompañada por la comunidad mediante rituales específicos. El canto realizado por los chamanes refleja la intervención de los espíritus y la solidaridad comunitaria en este proceso de acompañamiento. Vicente, como testigo, probablemente reconocía la consonancia de estos rituales con la esperanza cristiana en la vida eterna, pero también veía cómo en la cosmovisión Enawenê-Nawê los muertos continúan siendo parte activa de la comunidad, a través de las oraciones y las ceremonias de transición, lo que subraya el respeto profundo hacia los ancestros y la vida colectiva.

6 de enero de 1980 (domingo)

«A la 1:20 muere el bebé. Es enterrado al amanecer. La mujer está empeorando. Llega el grupo del alto Juruena. [...]. La mujer enferma no mejora. Se queja mucho de dolores en el cuerpo, y sobre todo en el muslo derecho, que está poniéndose morado. Por la noche hacen un canto para la mujer enferma; quienes cantan son Kaualy y Ualytere. El canto se llama Yanomayty. Es un canto hecho para los que están muriendo. A medida que avanza la noche, la mujer se queja más intensamente».

En los primeros años, la sequía había llevado a la comunidad a utilizar con más frecuencia el timbó en la pesca, consecuencia de la bajada del nivel de agua. Vicente ve cómo los rezos se intensifican en busca de lluvias: para los Enawenê-Nawê, el agua no es solo un recurso material sino un don espiritual que garantiza la armonía de la vida. Al mismo tiempo, la fe cristiana de Vicente le hace reflexionar sobre la lluvia como símbolo de purificación. El paralelo entre ambas visiones refuerza la idea de que la naturaleza está íntimamente vinculada al cuidado y la devoción.

Cuando finalmente la lluvia hace acto de presencia, el estrépito de los truenos y el resplandor de los relámpagos recuerdan a Vicente la majestuosidad de la creación. La comunidad se adapta a la tormenta, levantando un campamento seguro en la orilla del río Juruena. El golpeteo del agua contra las rocas y el chisporroteo de las fogatas alientan la reflexión sobre la sacralidad del entorno: para los Enawenê-Nawê, ningún fenómeno natural es ajeno a su cosmovisión. Así, el fuego y el agua, la pesca y la música, la fe indígena y la cristiana se entrecruzan en un diálogo constante de respeto y asombro.

23 de octubre de 1983 (domingo)

«A las 5:30 se levanta el campamento; alrededor de las 6 el personal ya está subiendo y hablan de quedarse varios días en la desembocadura del Camararé en el Juruena, pues allí hay un poco de mandioca. Alrededor de las 11 llegan a la desembocadura. El personal se va acomodando. Hay una gran tormenta de lluvia y viento. Las mujeres recogen mandioca».

24 de octubre de 1983

«Kayueta, Dalokuarece, Xynaua y Lolanenakua van hasta la presa del Olouinã para echar un vistazo. Regresan por la tarde. Atayna (chamán) y Yalauyanaceatokue van a buscar miel y no tardan mucho, regresando pronto con la miel. Luego los hombres recogen lombrices y suben el Juruena para pescar. Regresan por la tarde con bastante pescado. Las mujeres trabajan con la mandioca y pasan el día conversando».

En 1985, Vicente Cañas ya ha captado la esencia espiritual que sustenta las tradiciones de los Enawenê-Nawê. El ritual Yãkwá no solo es una celebración de la abundancia natural sino también un acto de conexión profunda con los espíritus y ancestros de la comunidad. A través de las ofrendas de chicha, la música de las flautas y la disposición de los adornos tradicionales, se refuerzan los lazos comunitarios y se mantiene viva la herencia cultural que guía a cada generación.

22 de junio de 1985 (sábado)

«Llegué a la aldea por la tarde. Estaban realizando el ritual en la casa de las flautas. La gente dice que el ritual que estaban haciendo cuando me fui terminó ayer y los Aures devolvieron los adornos de Yãkwá. Hoy comienza esta fase del ritual Yãkwá y los festejantes son: Walytere (sacerdote), Kayouekwa, Anaure, Takaka, Yotoxy y Wayaku. Durante el ritual en la casa de las flautas, los festejantes ofrecen chicha. Terminan por la tarde dentro de la casa de las flautas. Los Aures, que fueron los festejantes del ritual que terminó ayer, están en el centro del patio con los adornos de *burití*. Los que se quedarán en la aldea durante la pesca de la próxima represa ofrecen chicha, cuencos de pescado, etc. Y después van a la casa de las flautas y tocan la flauta. Se sientan en la puerta de la casa y comienzan a colocar los adornos de Yãkwá, penachos, collares, etc. Luego se dirigen a las casas, ofrecen peces con *beiju* y terminan en la casa de las flautas. Ya quemaron la chacra de Yãkwá para mandioca. Hace tres días nació el hijo de Dodowyri. Nació con labios leporinos».

En 1986, Vicente tiene total constancia de la profunda espiritualidad que impregna los rituales de los Enawenê-Nawê. El ritual Yãkwá, celebrado en la casa de las flautas, es una manifestación de la conexión sagrada entre la comunidad y sus ancestros. A través de las ofrendas de chicha y la música de flautas, se fortalecen los lazos espirituales y se renuevan las tradiciones que mantienen la armonía y la cohesión social dentro de la aldea.

15 de febrero de 1986 (sábado)

«A las 5:30 comienza el ritual Lerohy y Yalinã. Se ofrece *ketera* por parte de los festejantes, que son solo los que permanecen en la aldea durante el período de la represa. Se revisan las trampas y la gente ya termina de quitar las cáscaras (*matá*). Se pesca y por la tarde se juega un poco a la pelota. Las mujeres arrancan algo de mandioca».

La espiritualidad de los Enawenê-Nawê se vive en un continuo de gestos, cantos y ofrendas que entrelazan la vida humana con el mundo espiritual. En la entrada del 7 de diciembre de 1986, Vicente Cañas describe una jornada profundamente simbólica: el inicio del ritual Yãkwá, la ofrenda de chicha y pescado, el ritual Salumã y la reconstrucción de la casa de las flautas sagradas. Las flautas, instrumento de comunicación con

los espíritus Yakairiti, son tratadas con reverencia, y su traslado al *terreiro* y su puesta al resguardo marcan un momento de
renovación espiritual para la comunidad. Cada acción –desde
compartir la chicha hasta reconstruir la casa de las flautas– es
un acto de comunión con lo sagrado, reafirmando la íntima
relación entre los Enawenê-Nawê, los espíritus y la tierra. Este
día refleja cómo, para este pueblo, construir, tocar y cuidar las
flautas es también construir, tocar y cuidar el alma colectiva de
la comunidad.

7 de diciembre de 1986 (domingo)

«Hacia las 4 comienza el ritual Yãkwá. Kodaytaene, Koxyhy
y Kachuene son quienes ofrecen chicha y pescado. Hacia las
5 se inicia el ritual Salumã, finalizando a las 6. A las 6:10 cada
hombre coloca en el *terreiro* (plaza) *cuias*[2] de chicha y hay
un ofrecimiento mutuo. A las 7 dan unos gritos, tocan flautas
varias veces en dirección al camino, vuelven a gritar y a tocar
flautas repetidamente. Luego empiezan a desmantelar la casa
de las flautas, que está en mal estado. Varias veces la gente va
hacia el camino y regresa gritando hasta llegar a la casa de las
flautas. Cortan algunos barrotes de la casa.

A las 7:30 el grupo va al monte a buscar material para
colgar las flautas en el *terreiro*. Las flautas siguen dentro de la
casa. Algunos se quedan y empiezan a retirar la paja que cu-
bre la casa. Sacan las flautas y las cuelgan en el *terreiro*. Las
cubren con plástico para protegerlas de la lluvia. En cuanto
las flautas están en el patio, la gente las coge y, tocándolas,
regresa hasta la casa de las flautas y vuelve al *terreiro*, de-
jándolas allí. Cogen cada flauta de un tipo, tocan y retornan.
Otros se suben a la casa y comienzan a quitar la paja. El material que fueron a recoger se destina a colgar las flautas. A
las 9:30 la casa ya está desmantelada. Hacen montones con la

---

[2]　Fruto de una planta nativa de algunas regiones de Brasil, que se
utiliza para hacer recipientes.

paja para reutilizarla. Toda la madera se lleva a las casas para aprovecharla como leña. La gente se sienta a la sombra del plástico, en el *terreiro*, y charla relajadamente. A las 10:30 marcan el círculo donde se construirá la nueva casa. El grupo va al monte a buscar más material. Vuelven y colocan varas delgadas alrededor del círculo; luego amarran varias varas gruesas, una sobre otra. Varias personas corren por dentro del lugar donde estará la casa, dando vueltas y gritando. Se detienen y amarran las varas, formando así el primer círculo, y luego un segundo. Una vez sujetas, la gente toma algunas flautas y las toca frente a la casa en construcción. Tocan varias flautas y luego paran. A las 12:30 hacen una pausa para bañarse. Traen el poste central y dan por terminado el trabajo de hoy en la casa de las flautas. Después descansan en las hamacas. A las 16:30 comienza el ritual Salumã, se dirige a las casas y luego, hacia las 19:00, van al *terreiro*. Finalizan a las 19:45».

La espiritualidad de los Enawenê-Nawê abarca toda la existencia, especialmente en los momentos de enfermedad y vulnerabilidad. En la entrada del 21 de diciembre de 1986, Vicente Cañas narra cómo la comunidad se moviliza espiritualmente para acompañar a una niña enferma, reconociendo en el dolor físico la acción de fuerzas invisibles. La presencia constante de los chamanes, las oraciones, la suspensión de rituales festivos como el Salumã, el ofrecimiento de pescado y chicha, así como la quema de cuerda de algodón para espantar a Yakairiti –espíritu maligno–, muestran una espiritualidad viva que entrelaza cuidado corporal, protección espiritual y solidaridad comunitaria. Cada gesto, desde el canto hasta la ofrenda, es una expresión de fe en la fuerza sanadora que emerge de la comunión entre los seres humanos, los espíritus y la naturaleza. Aquí, curar es también rezar, cantar, ofrecer, proteger, y nunca dejar a un enfermo solo ante el misterio de la vida y la muerte.

21 de diciembre de 1986 (domingo)

«Alrededor del mediodía llegan a la aldea. La niña enferma tiene 39,5 grados de fiebre y se queja de dolores intestinales a ambos lados, cerca de los riñones. Es una niña de unos once años. Los chamanes rezan y la curan, atribuyendo la enfermedad a un espíritu maligno. Llevan dos noches sin dormir, siempre junto a la enferma. Se suspende el ritual Salumã por la enfermedad. El padre ofrece pescado. Queman un pedazo de cuerda de algodón para ahuyentar a Yakairiti (espíritu malo). Anoche, los familiares de la enferma ofrecieron chicha. Se tocan flautas y se canta en la casa de las flautas. Salen al *terreiro* para espantar a Yakairiti. A las 21 comienza el ritual Salumã en el *terreiro* y dura toda la noche. Al amanecer, dejan el *terreiro* y se dirigen a las casas, donde las compañeras ofrecen chicha a sus compañeros».

La espiritualidad de los Enawenê-Nawê, según el diario de Vicente Cañas, integra lo cotidiano con lo trascendental, lo natural con lo divino y lo individual con lo comunitario. Estos son principios que impregnan cada aspecto de su existencia, guiando sus actos y relaciones.

Para los Enawenê-Nawê, el mundo está lleno de seres espirituales que interactúan constantemente con los humanos. Estos espíritus, presentes en la naturaleza, los animales, las plantas y los ríos, no son entidades distantes sino fuerzas vivas que forman parte de su entorno. La naturaleza se concibe como un espacio animado, cargado de espiritualidad, que requiere cuidado y respeto a través de rituales que mantienen el equilibrio entre los mundos.

Los rituales tienen una función espiritual y comunitaria. Ceremonias como las relacionadas con la pesca, la siembra y la cosecha conectan a la comunidad con los espíritus de la tierra, el agua y los ancestros, asegurando protección y abundancia. Estas prácticas no solo sustentan la vida material, sino que también expresan gratitud y comunión con lo sagrado.

La espiritualidad también abarca el ciclo de la vida y la muerte. La muerte es vista como una transición hacia otro estado, integrada en la vida comunitaria a través de rituales que honran a los ancestros y facilitan el paso al otro mundo. Los ritos de iniciación transmiten a los jóvenes principios espirituales que guían su caminar en el mundo, preservando la sabiduría heredada.

Además, la conexión con los ciclos naturales subraya esta espiritualidad. Las estaciones, la luna y los ritmos de la tierra no solo regulan las actividades, sino que también son considerados ciclos sagrados, que merecen respeto y celebración. Cada acción en la vida de la aldea, desde la pesca hasta la recolección, refleja una profunda interdependencia con el mundo natural.

Finalmente, la espiritualidad Enawenê-Nawê es tanto personal como colectiva. Los rituales y ceremonias fortalecen la cohesión social, uniendo a la comunidad en actos compartidos de fe y gratitud. Todo, desde la pesca hasta el canto, se convierte en un acto de comunión con lo divino y lo humano, reflejando una espiritualidad vivida plenamente en el día a día.

4. Vinculación entre espiritualidad y prácticas culturales

El entramado de creencias y actividades diarias se hace particularmente evidente cuando se observan ciertas ceremonias y labores que fusionan lo espiritual con lo productivo. En este apartado recogemos tres apuntes de Vicente que muestran cómo la fe de los Enawenê-Nawê impregna cada gesto cultural.

La vida espiritual de los Enawenê-Nawê se expresa en la profunda integración entre ritual, vida cotidiana y celebración comunitaria. En la entrada del 13 de enero de 1981, Vicente Cañas nos muestra cómo el ritual en torno al fuego, la danza, el juego de pelota y el compartir alimentos como el *ketera* y la chicha de miel tejen una espiritualidad encarnada en las prácticas culturales diarias. El ritmo de los cantos, guiados por mujeres y chamanes, la participación inclusiva de niños y mujeres embarazadas, así como los gestos de donación de los peces pescados a las compañeras, reflejan una visión del mundo donde el cuerpo, el trabajo, la fiesta y el alimento están impregnados de sentido sagrado. Aun los pequeños cambios culturales –como el uso de pantalones cortos, influenciado por otros pueblos– se insertan naturalmente en una espiritualidad viva, que se renueva sin romper su conexión esencial con la comunidad, los ancestros y los espíritus.

La iniciación masculina (a la que se alude tal vez en la nota del diario de Vicente) revela cómo la tradición cultural y la dimensión espiritual convergen en un mismo acto. El fuego, las flautas y la pintura corporal delinean un rito de paso que otorga responsabilidades y un nuevo estatus al joven iniciado. La presencia de niños enfermos no detiene la música, lo cual subraya la resiliencia de la fe y el peso simbólico de los rituales en la continuidad del grupo.

13 de enero de 1981

«Hacia las 3:30 comienzan el ritual, primero sentados y luego bailando alrededor del fuego, y terminan hacia las 6:40. Luego, el personal comienza a jugar a la pelota. En la madrugada, todos los días la bebida es *ketera*.

Por la tarde juegan a la pelota durante unas dos horas. Los peces que el personal pesca los dan a las Uyakanalo, es decir, a sus compañeras. Tres mujeres usan pantalones cortos, imitando el uso hecho por las mujeres Myky; son la esposa de Atayna, Kayueta y Xynare. A las 18:30 Kaualy, Kayueta y

Yanaylyly encienden el fuego en el patio y las mujeres van al patio a cantar y bailar. Quien dirige los cantos es Kayoko. La participación de las mujeres en la danza oscila entre 10 y 20 personas. Se van integrando según los trabajos de cada una y también por los niños que aún tienen en brazos. Las mujeres que están embarazadas también participan comúnmente. En la danza van niños delante y detrás. Atayna (chamán) también dirige los cantos. Este mismo ya lleva tres días sin quitarse el pantalón corto; lo viste todo el tiempo. En las casas y durante las danzas las mujeres ofrecen chicha de miel y *oleniti*. El ritual termina a las 19:30. Hacia las 20:30 reina el silencio en toda la aldea.

Nota escrita verticalmente: Xyuyro, esposo de Kaxayry, ambos jóvenes; él está recluido sin salir de su compartimento dentro de la casa[3]».

El trabajo en la construcción de trampas ceremoniales demuestra la fe en la naturaleza y el valor del esfuerzo colectivo: la comunidad considera que la colaboración y la ofrenda de tiempo y recursos forman parte de una espiritualidad viva, que se refleja tanto en la labor de campo como en los ritos nocturnos. Sacar varillas de *burití* y recolectar miel son actos que se elevan a la categoría de servicio al grupo y al universo que los rodea.

22 de febrero de 1983

«A las 4:45 Lonece llama al personal y tienen una pequeña conversación, y comienza la actividad. Llueve en la madrugada y se prolonga hasta las 8. El personal trabaja en las trampas. Después de la lluvia van a sacar las varillas de *burití* para construir las trampas. Se extrae avispa y miel. Alrededor

---

[3] La reclusión de jóvenes puede estar relacionada con ritos de iniciación o prácticas culturales específicas asociadas al matrimonio o la transición a la adultez.

de las 16:30 van llegando y trabajan en la fabricación de las trampas. Algunos también traen paja de *burití* para cubrir las casas».

En estos tres ejemplos, la frontera entre lo sagrado y lo profano se disuelve: la ceremonia de iniciación, las labores de recolección y la fabricación de trampas integran fe y vida diaria en un mismo flujo ininterrumpido.

La conexión entre la espiritualidad y las prácticas culturales de los Enawenê-Nawê revela un sistema de creencias y acciones profundamente integrado, en el que ambas dimensiones se moldean mutuamente. En su cosmovisión, la espiritualidad no es una idea abstracta sino una realidad vivida que se manifiesta en sus prácticas diarias y ceremoniales, conectando lo físico con lo espiritual.

La interacción con los espíritus de la naturaleza y los ancestros impregna todas sus actividades culturales. Ritualizan tareas como la pesca, la recolección de miel o la siembra, transformándolas en actos de devoción y agradecimiento hacia las fuerzas espirituales que garantizan la abundancia y el equilibrio comunitario. Estas actividades, además de satisfacer necesidades materiales, refuerzan los lazos con el mundo espiritual.

Los rituales de cosecha y los de transición, como la entrada a la adultez, son momentos clave para fortalecer esta conexión. A través de danzas, cantos y ofrendas, agradecen los recursos recibidos y aseguran la continuidad de los ciclos de vida. Estos actos no solo garantizan el sustento físico, sino que también protegen el bienestar espiritual de la comunidad, alineándose con las leyes naturales y espirituales que rigen su existencia.

Las ceremonias de iniciación tienen un doble propósito: marcar cambios importantes en la vida de los individuos y transmitir valores y conocimientos espirituales a las nuevas generaciones. Así, los jóvenes no solo asumen nuevos roles en la comunidad, sino que también se preparan para vivir conforme a los principios heredados, asegurando la continuidad cultural y espiritual.

La espiritualidad no se limita a los rituales; impregna las actividades cotidianas. Tareas como la pesca o la recolección son vistas como actos de conexión con la naturaleza, donde cada acción refleja respeto y reciprocidad hacia los espíritus que habitan el entorno. De esta manera, lo cotidiano y lo trascendental se entrelazan en un equilibrio continuo.

En los Enawenê-Nawê, las prácticas culturales y la espiritualidad son inseparables. La espiritualidad da sentido a sus acciones, mientras que estas permiten que lo espiritual se manifieste en la vida comunitaria. Este sistema integrado de creencias y prácticas no solo sustenta su existencia, sino que refuerza su identidad frente a los desafíos externos.

Como vemos, la espiritualidad y la cohesión social son pilares fundamentales en la vida de los Enawenê-Nawê, evidenciados en sus rituales y celebraciones comunitarias. El 26 de diciembre de 1984, por ejemplo, Vicente Cañas describe cómo, a primera hora de la mañana, «comienza el ritual Yãkwá», en el que «la gente se distribuyó más o menos como estaban en el asentamiento del maíz» y «los jóvenes juegan al fútbol» mientras se preparan los elementos necesarios para la ceremonia. Este ritual no solo fortalece los lazos comunitarios a través de actividades compartidas, sino que también reafirma la conexión con la naturaleza y las tradiciones ancestrales.

Poco a poco, Vicente va describiendo los procesos rituales con mayor detalle y amplitud.

1 de mayo de 1984

«A las 3 los Alakutis hacen el ritual y cantan sentados en la casa de las flautas, tocando las flautas rotas. A las 4, algunas mujeres y hombres van al puerto para buscar los peces y algunos festejantes llevan *ketera*. A las 6 ocurre el encuentro con la gente que viene de la pesca. Todos están pintados con *jenipapo* y dicen que en las cabeceras del río Preto vieron varias veredas. Las mujeres de la aldea están ansiosas por comer castañas. De hecho, valoran más las castañas que los peces. Cuando un niño llora, le dicen que ya está viniendo Yãkwá con las castañas para comer. Esta gente que hoy llegó a la aldea tiene novedades para contar: la ida a buscar castañas y el encuentro con los civilizados. También hablan de la ida a recoger *jenipapo*, por la vereda.

Los hombres que están en el puerto se preparan para ir a la aldea, realizando el ritual de entrada. Hacen el Yohú por la noche de la misma forma que fue realizado en la llegada del otro grupo. A las 8:30 voy a nuestro campamento. Me encuentro con los Canoeiros en el Caixão de Pedra, que recogen tacuaras para hacer flechas.

Por la tarde vienen Donato, su hermano Nicolau y cuatro niños, que se quedaron aquí en el campamento hasta las 23. Hablaron del problema que tuvieron respecto a la división con los hacendados. El hermano de Donato habló del viaje que hizo a Macapá para la reunión de los líderes que realizaron el año pasado. Contó los hechos del viaje, pero no habló del contenido de la reunión; solo habló de cómo consiguió dinero para gastar en el viaje. También habló de las conferencias que pronunció en Fontanillas, en la Semana del Indio de este año. Informó sobre los problemas a los que se enfrentan los Canoeiros a la hora de organizar las actividades económicas, refiriéndose al caucho para la compra del motor de popa [...]. Donato cuenta que está contento de poder permanecer dentro de su tierra, pues estuvo mucho tiempo fuera de la aldea, junto con los civilizados, fuera de su territorio y trabajando para los hacendados. Su hermano cuenta cómo fue que su hija se perdió y quién fue el que le aconsejó que volviera a casa. La hija tiene seis años. Las mujeres con las que la niña tuvo contacto ya están muertas».

En otra ocasión, el 17 de julio de 1985, se detalla cómo
«en la madrugada comienza otra parte del ritual Yãkwá» con
la participación de diversos grupos musicales y ofrendas de
chicha. Los festejantes, como Kauyaloceene y Lalauyare, preparan los adornos que se colocarán a las personas durante el
ritual, simbolizando la unidad y la colaboración colectiva. A
pesar de que «varias personas están con fiebre, adultos y niños», la comunidad continúa con las ceremonias, demostrando
su resiliencia y compromiso con las tradiciones espirituales.

Finalmente, el 13 de agosto de 1986 se observa cómo «en
la madrugada comienzan el Lerohy y Yalinã» con la ofrenda
de *ketera* y la participación activa de mujeres en las danzas.
Estos rituales, que incluyen actividades como la pesca y la recolección de urucú, culminan con el ritual Menorerá, donde
«las mujeres también bailan y terminan a las 18». Este día refleja cómo la espiritualidad está integrada en las actividades
diarias, promoviendo una profunda sensación de pertenencia y
armonía dentro de la comunidad.

5. Conclusión

El presente capítulo, titulado «Rituales y espiritualidad», ex-
plora cómo la espiritualidad es el eje que da sentido a la vida
cotidiana y ceremonial de la comunidad Enawenê-Nawê. Los
rituales, celebrados con cantos, danzas y ofrendas, tejen cone-
xiones profundas entre la comunidad, la naturaleza y lo divino,
integrando cada acción, desde la pesca y la siembra hasta los
ritos de transición que marcan los ciclos de la vida.

Rituales como el Kateoko y el Salumã no solo celebran la
cosecha, sino que renuevan el vínculo con la tierra, los espíritus protectores y los ancestros. La participación de toda la
comunidad refuerza la solidaridad y la cohesión social. Estas

ceremonias no solo tienen un propósito social, sino que también son expresiones de devoción y gratitud, asegurando el bienestar físico y espiritual de la aldea.

Los rituales de transición, como el paso a la adultez, combinan aprendizaje y conexión con los principios espirituales que guían a la comunidad. Estos momentos preparan a las nuevas generaciones para los desafíos de la vida, fortaleciendo su identidad y continuidad cultural.

La espiritualidad de los Enawenê-Nawê está profundamente vinculada a su visión de la naturaleza. Tierra, agua, animales y otros elementos no son meros recursos sino entidades espirituales que requieren respeto y cuidado. Sus prácticas diarias y ceremoniales buscan mantener el equilibrio entre lo físico y lo espiritual, reconociendo la interdependencia entre la vida humana y los ciclos naturales.

En resumen, la espiritualidad de los Enawenê-Nawê es un principio vital que permea cada aspecto de su existencia. A través de sus rituales y prácticas culturales, lo sagrado y lo cotidiano se entrelazan, sosteniendo su identidad cultural y reforzando su conexión con la tierra y los espíritus. Esta espiritualidad no solo asegura la supervivencia de la comunidad, sino que también reafirma su autonomía y resistencia frente a las adversidades externas.

3
Desafíos sanitarios y sociales

1. Introducción

En la vida de los Enawenê-Nawê, las adversidades sanitarias y los retos que surgen del contacto con el mundo exterior ponen a prueba no solo su fortaleza física sino también la cohesión social que los caracteriza. A partir de los diarios de Vicente Cañas, descubrimos cómo la salud de la comunidad puede verse amenazada por epidemias, malarias o dolencias cotidianas; y, al mismo tiempo, cómo la llegada de colonos, peones y empresas extractivas suscita tensiones territoriales y culturales. En este capítulo se analizan las estrategias de la comunidad para responder a tales desafíos: la adopción de remedios occidentales y tradicionales, la defensa de su territorio frente a invasiones y el papel de los rituales en la preservación de la salud y la armonía interna. Más allá de los conflictos y las enfermedades, lo que emerge de los apuntes de Vicente es la capacidad de los Enawenê-Nawê de sobreponerse a las dificultades gracias a la solidaridad, la fe y la conexión profunda con su entorno.

2. Heridas, epidemias y atención médica

A través de sus observaciones detalladas, Vicente muestra momentos que oscilan entre el riesgo y la resiliencia, en un entorno en el que la unidad y el ritual se convierten en las principales herramientas para hacer frente a las adversidades. Desde las mordeduras de animales hasta los pies lastimados por un terreno difícil, el diario documenta cómo la vida en la selva demanda tanto esfuerzo físico como conexión espiritual. Este relato es un testimonio de resistencia, donde la fragilidad humana encuentra fortaleza en la comunión y el cuidado mutuo, y donde cada gesto cotidiano se convierte en una lección de convivencia con el entorno natural.

Era una madrugada como tantas otras, marcada por el ritmo inquebrantable del ritual, que empezaba a la 1:30 y se extendía hasta que el primer rayo de sol anunciaba el nuevo día. Sin embargo, aquella mañana, el silencio del mediodía fue abruptamente roto por un grito: un niño había sido mordido por un animal. En un instante, la aldea entera se agitó. La madre del niño, con el corazón en un puño, corrió hacia la casa mientras los hombres, mujeres y niños se arremolinaban a su alrededor. Las voces se mezclaban, formando una cacofonía de preocupación, especialmente entre las mujeres, que parecían encontrar en el intercambio de palabras una forma de procesar el susto. Este episodio no solo mostraba el peligro, siempre presente, de la naturaleza sino también la unidad de la comunidad al afrontar estas crisis inesperadas.

29 de enero de 1978 (domingo)

«A la 1:30, ritual, que se prolongó como en los otros días hasta las 7. A las 11, un niño fue mordido por algún animal. Hubo una carrera tras la madre, que llevó al niño dentro de la casa. Se reunió una gran cantidad de hombres, mujeres y niños, todos hablando al mismo tiempo, sobre todo las mujeres».

Dos días después, los cantos rituales llenaron nuevamente el aire, como si intentaran restaurar el equilibrio quebrado por el incidente anterior. La figura del curandero emerge, entonces, mezclando conocimiento ancestral y espiritualidad para tratar las heridas del pequeño. Su presencia calma los ánimos y devuelve al grupo la esperanza de que, incluso frente a los retos de la naturaleza, el cuidado colectivo siempre tendrá la última palabra.

31 de enero de 1978 (martes)

«A la 1:30, ritual con gran variedad de cantos. El niño mordido ayer continúa en el regazo de una mujer anciana, a pesar de tener unos cinco o seis años. El curandero actuó hoy como ya lo había hecho ayer».

De nuevo, un poco más tarde, en septiembre de 1979, Vicente anota cómo el día comienza con los hombres dispersándose en todas direcciones en busca del trabajo diario. Sin embargo, en el patio de la aldea, la escena era menos idílica. Niños y adultos caminaban con pasos heridos, sus pies marcados por la dureza del terreno. Las actividades no se detenían, pero las señales de dolor estaban allí, recordando la convivencia constante entre el esfuerzo y el sufrimiento. Era una lección de resistencia, donde cada herida en los pies se convertía en un recordatorio de la lucha diaria por subsistir y mantenerse conectados con la tierra que les daba vida.

21 de septiembre de 1979

«Yotoxy, Daduyare y Calanene van a mirar el maíz y a ver al paralítico que quedó solo. Vamos a sacar lombrices. Algunos hombres van a pescar y el resto va a buscar miel. Todos los hombres salieron hoy, trayendo bastante miel y algunos peces; otros trajeron bastantes ranas. El patio está de la misma forma, lleno de tocones y tocones pequeños. Todos los niños tienen los pies heridos, y también bastantes de los adultos».

Unos meses después, ya en diciembre, el ritmo del ritual fue más breve, como si el tiempo apremiara para dedicarse a otras tareas. Tras el rito matutino, los hombres y mujeres se entregaron a sus actividades. Pero incluso en medio del juego y las risas, las heridas son omnipresentes. Este contraste entre la alegría del momento y las cicatrices visibles ilustra la dualidad de la vida en la selva: una existencia dura, pero también rica en comunión y celebración.

23 de diciembre de 1979

«Realizan temprano el ritual, que dura poco tiempo. Juegan a la pelota. Algunos van a recoger maíz. Otros hacen canoas. Hay bastante gente con heridas».

Al día siguiente, la jornada transcurría con una alegría palpable; los hombres jugaban a la pelota con el entusiasmo de quienes encuentran en el juego un descanso del trabajo diario. Las heridas de los días anteriores empezaban a sanar, como si la comunidad misma, en su unión y ritualidad, tuviera el poder de curar el cuerpo tanto como el espíritu. Sin embargo, la imagen de Oloualo, de quien se dice que «continúa como un esqueleto» (24 de diciembre de 1979), recuerda que no todos lograban resistir los embates de la naturaleza con igual fortaleza.

A través de estas narraciones, podemos captar no solo la literalidad de los eventos sino también la profunda conexión entre los Enawenê-Nawê y su entorno. Cada herida y cada gesto de cuidado reflejan una vida que oscila entre el peligro y la comunión, entre el sufrimiento y la resiliencia. La comunidad no solo sobrevive, sino que encuentra en el ritual, el juego y la solidaridad la manera de seguir adelante, afrontando juntos las agresiones del terreno y la propia naturaleza. Este diario de Vicente Cañas, con su detallada narrativa, nos invita a reflexionar sobre la fragilidad y la fortaleza humanas en un mundo en constante diálogo con su entorno natural.

Un poco antes, en octubre de 1979, la aldea está envuelta en un ambiente de duelo y enfermedad debido a la gripe. Aunque algunos empiezan a mejorar, Vicente llega justo a tiempo para presenciar el último aliento de la madre de Kayokace, un momento profundamente doloroso que se suma a la noticia de otras dos mujeres fallecidas. Los signos de gravedad no se detienen ahí: más personas se encuentran al borde de la muerte, sus cuerpos consumidos por la fiebre. La comunidad está fracturada por el sufrimiento, con algunos miembros, principalmente niños y hombres, resistiendo mejor a la gripe. El ritual del entierro se lleva a cabo con solemnidad y esfuerzo: cavan una tumba profunda mientras lloran inconsolablemente. La mujer es colocada en una corteza de árbol, un gesto que refleja tanto la conexión con la naturaleza como el respeto profundo por la vida que se va. Este día queda marcado por la lucha por sobrevivir y la necesidad urgente de recuperar fuerzas colectivas en medio del dolor.

17 de octubre de 1979

«Continúo el tratamiento y me dirijo a la aldea donde hay más gente, pues ya están mejorando. No hay fiebre. Al llegar, la madre de Kayokace está dando los últimos suspiros y muere. Me informan de que fallecieron dos mujeres más. Encuentro a las esposas de Kaualy, Atayna y Sosouery en estado de coma, consumidas por la fiebre; el resto, también con fiebre. Algunos niños y hombres no tienen gripe. Entierran a la mujer que murió. Medico al personal. Tres mujeres luchan entre la vida y la muerte. Anayryry cava la tumba para enterrar a la difunta. Kayokace no para de llorar. Retiran al hijo de la difunta. Colocan a la fallecida en una corteza de árbol. La tumba tiene casi dos metros de profundidad».

El nuevo día no trae el alivio esperado. Las mujeres en estado crítico siguen sin fuerzas, atrapadas en un ciclo de fiebre que cede momentáneamente para volver con intensidad al amanecer. Aunque alguna muestra leves signos de mejora, la mayoría permanecen en el umbral entre la vida y la muerte. A pesar del ambiente sombrío, los miembros más fuertes de la comunidad tratan de mantener el ritmo de la vida diaria. Arrancan mandioca y recolectan miel, mientras se llevan a cabo los rituales de Salumã, en un intento de devolver al grupo la estabilidad espiritual que tanto necesitan. Los cantos y danzas, con arcos y flechas en mano, se extienden desde las casas hasta el patio, transformando la rutina diaria en una forma de resistencia simbólica frente a la enfermedad.

18 de octubre de 1979

«Continúo el tratamiento de los enfermos de gripe. Las tres mujeres siguen en estado crítico, sin fuerzas para toser. La fiebre es controlada pero reaparece al amanecer. La que está peor de todas, la esposa de Atayna, reaccionó un poco, pero sin fuerza para toser. La esposa de Sosouery no está reaccionando. Kokore y Koloualo están muy débiles, al igual que Tanana-Oritaka Ene, consumidos por la fiebre. Los hombres y las mujeres que están mejor van a arrancar mandioca y recolectar miel. Realizan los rituales de Salumã. Bailan dentro de las casas y en el patio, con arcos y flechas en mano y una flautita pequeña de dos y tres tubos».

Al día siguiente, la fiebre sigue marcando el destino de la aldea. Aunque la enfermedad parece controlada por momentos, siempre regresa con fuerza, dejando a los enfermos cada vez más debilitados. La comunidad muestra signos físicos de esa batalla: muchos, descritos como «esqueléticos», sobreviven con una dieta escasa de pescado, miel y bebida, mientras que las mandiocas aún no están listas para ser cosechadas. Los campamentos no han podido regresar a la normalidad debido a la enfermedad. Las prácticas espirituales y los gestos protectores, como quemar algodón y repartir bolitas para defenderse del Yakairiti, reflejan una comunidad que combina tradición y fe para hacer frente a lo desconocido. A pesar de los esfuerzos, la tarde termina en silencio, sin rituales, con el peso de la enfermedad y el miedo extendiéndose entre los miembros de la aldea.

19 de octubre de 1979

«Los enfermos no se recuperan; la fiebre controlada regresa nuevamente. Los Salumã están debilitados y esqueléticos. La alimentación es bebida, pescado y miel. No hay *beiju*; las mandiocas están pequeñas. Si no fuera por la gripe, estarían todos en los campamentos. Aun así, hay dos grupos fuera: uno donde está Tere y otro en el Camararé, esperando el maíz. Se alimentan de pescado, fruta de *mangaba*, bebida y miel. La esposa del capitán Atayna y la de Sosouery luchan entre la vida y la muerte. Orytaka y Kokore están en la misma situación. Aparecen varios niños con fiebre. Por la tarde, Akairiti vomita; el chamán le extrae un pedazo de *robafó*[1]. Ofrecen pescado al personal. Queman algodón y hacen oraciones; reparten bolitas de algodón para defenderse del Yakairiti. Regreso al campamento para ver el maíz y quedarme allí. Las familias de Tyholoce, Xynaua y Yunare no están enfermas. No realizan el ritual por la tarde».

Los primeros días de enero de 1980 la comunidad afronta días de angustia. Las dolencias físicas comienzan a hacerse más severas, particularmente en las mujeres, que muestran signos alarmantes de empeoramiento y requieren medicación

---

[1] *Robafó*: se trata de un tipo de pez.

urgente. Las descripciones detalladas de hematomas y ampollas, así como el poco efecto de los tratamientos, evidencian no solo la vulnerabilidad del grupo ante las enfermedades sino también las limitaciones en recursos médicos. Estos días, marcados por la espera y la incertidumbre, revelan el peso de la enfermedad en una comunidad donde la salud es sostenida principalmente por la naturaleza, el conocimiento tradicional y la intervención limitada de Vicente.

5 de enero de 1980

«La esposa de Kayoko y el bebé están empeorando. La esposa de Koxyhy es medicada. La esposa de Kayoko tiene hematomas en la pierna derecha, muslo y partes íntimas, con ampollas de agua. Los medicamentos no están surtiendo efecto hasta el momento».

La madrugada del domingo trae consigo la primera pérdida: el bebé muere el día 6 de enero y es enterrado al amanecer. Mientras tanto, la condición de la mujer de Kayoko empeora: sus quejas constantes y el color morado que comienza a invadir su cuerpo aumentan la sensación de impotencia colectiva. En medio de esta tragedia, la llegada de un grupo del alto Juruena genera una leve distracción, pero no alivia la preocupación. Por la noche, resuena en la aldea el canto Yanomayty, una melodía reservada para quienes están al borde de la muerte. Es un momento cargado de emoción, un intento final de acompañar a quien parece que está a punto de partir. La atmósfera de resignación y sufrimiento se intensifica a medida que avanza la noche.

La madrugada siguiente se convierte en un momento de profundo duelo: a la misma hora en que murió el bebé el día anterior, la mujer también pierde la vida. Su muerte sacude profundamente a la comunidad, no solo porque ella era la esposa de un chamán, una figura central para el grupo, sino también porque parece presagiar un período de enfermedad y pérdida. La situación en los otros campamentos no es menos alarmante; los relatos de recaídas y nuevas heridas reflejan un ambiente de fragilidad física y emocional. Vicente, entre el cansancio y la urgencia, se retira para buscar medicamentos, consciente de que la amenaza de más muertes acecha. En medio del miedo y la tristeza, la comunidad intenta reorganizarse, aunque el dolor es palpable y la incertidumbre parece no dar tregua.

7 de enero de 1980

«A la 1:20 muere la mujer. [...] La esposa de Koxyhy, que tiene el tumor en el pecho, está empeorando. Comienza a tener fiebre. La muerte de la mujer fue muy sentida por todos, pues el marido era chamán. Me voy para traer medicamentos. En los otros campamentos, el personal está afectado por la muerte. Kayueta está lleno de heridas. Lonece tiene una recaída de su herida. Todo el mundo está asustado y con miedo a enfermedades. Duermo en mi campamento».

En los apuntes de enero de 1983, Vicente refleja la inquietud que se apodera de la comunidad ante una epidemia intestinal que se expande rápidamente, sin distinguir edad ni género. Pese al agotamiento, los hombres prosiguen con la pesca y la cosecha de maíz para abastecer a todas las familias. Mientras tanto, las mujeres permanecen en la desembocadura del río 12 de Octubre, señalado por Vicente como el lugar donde surgió la enfermedad.

22 de enero de 1983

«Kueyroceene, Ynarece, Daduyare, Toaly, Makakoyarene, Anaure, Takaka y Tyholoceene fueron a pescar.
  Kayueta y Dalokuarece fueron a pescar a la desembocadura del 12. Llevan las cortezas de trampas y vuelven mañana.

El resto de los hombres preparan las canoas, pues mañana ya irán descendiendo para ir a la aldea, porque ya han cosechado el maíz. Aún hay varias familias que no han terminado y tardarán unos días más en descender.

Los hombres que fueron a sacar cortezas de árboles y dejaron a las familias en la desembocadura del 12 dijeron que llegarán allá hoy alrededor de las 13.

El personal en general está sintiendo una indisposición intestinal, con dolores y disentería. Es epidemia, pues poco a poco todos van contrayendo la enfermedad, incluso las mujeres que se quedaron en la desembocadura del 12. De hecho, fue ahí donde comenzó tal epidemia.

Voy hasta nuestro campamento, pues el motor de 35 caballos no está jalando. Llego al atardecer, pues el motor solo anda en velocidad lenta».

La tensión crece a medida que se complican los viajes en canoa –el motor comienza a fallar– y la necesidad de hallar remedios o medidas de higiene cobra urgencia. Sin embargo, la vida cotidiana no se detiene: para la comunidad, el alimento y la autosuficiencia son prioridades irrenunciables, lo que deja ver su resistencia y su determinación ante la adversidad.

Ocho meses más tarde, la comunidad lidia con casos de malaria y otras dolencias: vómitos, fiebres y heridas infectadas. Aunque Vicente distribuye medicamentos, muchos enfermos siguen cumpliendo con sus obligaciones diarias, ya sea en la pesca o en la siembra de mandioca y algodón.

12 de septiembre de 1983

«A las 2:15 comienza el ritual Kateoko. Atayna (chamán) acompaña los cantos. Terminan a las 5:50.

El personal va a utilizar timbó.

Kaualy y Makakoyarene van hasta la desembocadura del 12 en el Camararé para buscar una canoa que quedó allí cuando venían a la aldea. Vuelven al atardecer. A las 15:45 comenzó el ritual Kateoko en la casa de Orytaka. Comienzan sentados y luego van por las demás casas. Solo se sientan en los intervalos. El personal, al regresar de utilizar timbó, entra en la aldea dando gritos. Los compañeros dan a sus compañeras pescado envuelto en hojas. Kayoko dirige los cantos con la macana en la mano. Antes de comenzar, Zenakuaneto ofrece *olocuare* y *beiju* a Kayoko en una pequeña vasija. Este come sentado. A las 18 van al centro del terreno. Varios hombres van a buscar miel y vuelven por la tarde con bastante. Hoy solo quedan dos hombres en la aldea. Atayna (chamán) pasó el día plantando mandioca. Kayokace también ayuda a dirigir los cantos del ritual. Los compañeros, durante el ritual en el terreno, ofrecen chicha de miel y *oleniti*. El ritual termina a las 19:10».

En medio de esta fragilidad, los rituales no pierden su lugar central: cada tarde, al reunirse alrededor del fuego en la casa de Orytaka, hombres y mujeres recobran fuerzas en la danza y en la ofrenda de chicha. El contraste entre la severidad de las enfermedades y la persistente alegría de los cantos pone de manifiesto la importancia de la espiritualidad y la cohesión social como forma de resiliencia.

17 de diciembre de 1983

«Llueve pausadamente durante la noche. No hacen el ritual debido a la lluvia. El ritual se hace en el centro del terreno todos los días de madrugada. Los compañeros ofrecen chicha de miel a sus compañeras en sus casas, pero ofrecen la chicha no pasando por dentro de las casas sino llamando. Luego las mujeres o los niños devuelven las jarras en las que se ofreció la chicha, haciéndolo en la puerta de la casa, sin pasar dentro de la casa. Algunas mujeres hacen vasijas de barro y también cuencos.

Alrededor de las 9 comienza a llover. Algunos van a pescar y ver los *mataxi*. Otros hacen collares. A las 15:30 comienza el ritual Kateoko en la casa de Orytaka. Kayokace y

Kayoko dirigen los cantos. A las 18:20 el ritual se dirige al centro del terreno y alrededor de las 19:30 terminan».

A finales de ese año, la lluvia intermitente impide el ritual de la madrugada y obliga a extremar cuidados en la salud de los ancianos y los niños. Vicente menciona cómo, mientras algunos revisan las trampas de pesca (*mataxi*), otros elaboran collares o modelan recipientes de barro, mostrando la diversidad de ocupaciones que se activa al no poder salir en canoa. Conforme avanza el día, el clima mejora lo suficiente para retomar el Kateoko. Las madres preparan remedios naturales y comparten con los hombres la chicha de miel, en un acto ritual que también ofrece alivio psicológico frente a las enfermedades. Así, la armonía entre la medicina occidental y la tradicional se ve reforzada por la unión y la fe compartida en el seno de la comunidad.

Observamos cómo la atención a las heridas y a la salud es un reflejo de la solidaridad y el cuidado mutuo en la comunidad Enawenê-Nawê, tal como lo documenta Vicente Cañas en sus entradas de diario. El 15 de agosto de 1984, por ejemplo, relata la presencia de una niña «con el rostro lleno de burbujas de agua» y menciona que «dos ya habían pasado por este tipo de problema», evidenciando la atención comunitaria hacia las enfermedades infantiles. Además, se observa que «la gente ya superó la gripe», lo que indica un manejo colectivo de las enfermedades estacionales y la recuperación compartida. Este sentido de comunidad se refuerza cuando Vicente comenta sobre las medidas que «Thomaz ya está adoptando para que las tierras sean respetadas», sugiriendo una preocupación no solo por la salud física sino también por la seguridad ambiental, que impacta directamente en el bienestar de todos.

En la entrada del 18 de agosto de 1985, aunque el enfoque principal está en los rituales Lerohy y Yalinã, se puede interpretar que las actividades rituales y comunitarias, como la ofrenda de *ketera* y la fabricación de canoas, contribuyen indirectamente al mantenimiento de la salud y a la cohesión social. Al participar en estos rituales, los miembros de la comunidad fortalecen sus vínculos, lo que facilita una red de apoyo esencial para la atención a cualquier problema de salud que pueda surgir.

Estas entradas del diario de Vicente Cañas ilustran cómo la espiritualidad y las prácticas culturales de los Enawenê-Nawê están intrínsecamente ligadas al cuidado de la salud y a la atención a las heridas. A través de rituales compartidos y de una fuerte solidaridad comunitaria, la aldea no solo celebra sus tradiciones, sino que también asegura que cada miembro reciba el apoyo necesario para su bienestar físico y emocional, garantizando así la resiliencia y la cohesión de la comunidad frente a desafíos internos y externos.

A lo largo de sus diarios, Vicente Cañas deja ver cómo su entrega a los Enawenê-Nawê se intensifica, también, en el ámbito de la salud bucal. Desde el momento en que decide aprender a fabricar prótesis dentales, se propone como meta aliviar el dolor y los problemas cotidianos de esta comunidad. Lo más sorprendente es que, con el fin de perfeccionar su técnica, llegó a practicar incluso con sus propios dientes, extrayéndose algunos para entender a fondo la manera correcta de moldear y colocar las prótesis.

10 de agosto de 1984

«Recibo formación para aprender a hacer dentaduras».

11 de agosto de 1984

«Más entrenamiento en fabricación de prótesis dentales».

26 de octubre de 1984

«Sigo en nuestro campamento limpiando y también hago una dentadura (prótesis dental)».

18 de noviembre de 1984 (domingo)

«Practico la confección de dentaduras (prótesis dentales)».

19 de noviembre de 1984

«Hago prótesis dentales para Toaly y Atayna (chamán)».

1 de diciembre de 1984

«Paso el día haciendo prótesis dentales».

2 de diciembre de 1984 (domingo)

«Sigo elaborando prótesis dentales».

12 de mayo de 1985 (domingo)

«Hago una prótesis dental».

13 de mayo de 1985 (lunes)

«Sigo haciendo la dentadura».

26 de abril de 1986 (sábado)

«El ritual empieza de madrugada y termina al amanecer. Los Aures ponen cestas de pescado con *beiju* en el patio, ofreciéndolas a la gente. Hacia las 12 parto al campamento; haré seis prótesis dentales (dos mujeres y cuatro hombres), pues llevo los moldes. Llego a las 17».

Del 27 de abril de 1986 al 9 de mayo de 1986

«Estoy fabricando las dentaduras y transfiriendo combustible».

3 de octubre de 1986 (viernes)

«Vamos a nuestro campamento; Thomaz y los Myky se marchan hacia el mediodía. También vienen con nosotros tres Enawenê-Nawê (dos jóvenes y un niño). A uno le hago una prótesis dental parcial y a otro le extraigo los dos restos de muelas que tenía. Acordamos con Thomaz que Ivar tratará de comunicarse por radio para saber de la FUNAI en Vilhena. Por la noche hablo con el hermano Fernandes para que Ivar mañana use la radio. Algunos dientes de la transmisión están un tanto roídos; coloco aceite, pero hay fuga y el motor no funciona bien».

En el período de 1977 a 1987, el hermano Vicente Cañas, en su diario, registra diversas epidemias que afectaron a los Enawenê-Nawê, particularmente enfermedades intestinales (como la disentería), fiebre, gripe y problemas provocados por la falta de higiene dental. A pesar de la intervención del propio Vicente con medicamentos traídos del campamento, las condiciones sanitarias eran muy precarias y las epidemias causaban un gran sufrimiento en la comunidad, especialmente entre los niños. Las medicinas a veces no surtían el efecto esperado, y los rituales comunitarios seguían siendo una forma de fortalecer los lazos entre los miembros de la comunidad y soportar las adversidades.

La atención médica proporcionada por Vicente fue fundamental, pero su alcance era limitado debido a la escasez de recursos y a la falta de acceso a servicios médicos más amplios. En algunas ocasiones, la comunidad recurría a los conocimientos tradicionales, como la medicina basada en las plantas, y a la asistencia de los chamanes locales, quienes jugaban un papel crucial en el cuidado de la salud, complementando los esfuerzos de Vicente. El uso de rituales, como el Salumã, no solo era una forma de mantener el vínculo espiritual y cultural sino también un medio para resistir colectivamente las crisis sanitarias.

Por otro lado, las epidemias afectaban tanto a la comunidad indígena como a las relaciones con el mundo exterior, relaciones cuyas tensiones se evidenciaban en las visitas y contactos con los «civilizados». Vicente se convirtió en un puente entre los Enawenê-Nawê y la medicina moderna, intentando mitigar los efectos de las enfermedades pero también respetando las prácticas médicas tradicionales indígenas. Este equilibrio entre la medicina tradicional y la intervención externa muestra cómo las epidemias no solo eran un reto para la salud física sino también un desafío para las relaciones interpersonales y la identidad cultural de los Enawenê-Nawê.

3.   Impacto de la relación con el mundo exterior

El 12 de abril, la voz de Thomaz –misionero jesuita que trabaja con el pueblo Myky– llega por radio, anunciando dificultades para hablar con los propietarios de la hacienda Londrina, señalada como centro de presuntas invasiones al territorio Enawenê-Nawê. El silencio de los hacendados incrementa la tensión en la aldea, donde cada viaje en canoa y cada reunión se vuelven cruciales para la defensa de la tierra.

12 de abril de 1983

«Thomaz dice por radio que aún no ha tenido contacto con los dueños de la hacienda Londrina para verificar quiénes son los invasores. Intentó varias veces el contacto y no logró nada. Lo intentará hoy nuevamente. Armo el motor. Arrancó bien. Anduve un poco. Parece que está bien».

Mientras Thomaz intenta un diálogo, Vicente se ocupa de poner a punto el motor de la embarcación, consciente de la utilidad que tendrá para el traslado de enfermos o para frenar incursiones de intrusos. En medio de esa incertidumbre, la comunidad se mantiene alerta, evocando las experiencias pasadas de atropellos y violencia.

Apenas tres días después se confirma la presencia de peones que, sin saberlo, trabajaban en tierras indígenas para un proyecto de colonización. Vicente describe el desalojo como un procedimiento rápido, facilitado por la sorpresa de los propios peones, quienes, al enterarse de su ubicación ilegal, piden que los retiren.

15 de abril de 1983

«Hablo con Thomaz. Joãozinho (piloto de la línea) ayer no volvió a Cuiabá. Explico cómo está la situación de la tierra, etc. Los peones me explican que vieron otras placas y veredas de parcelación, más hacia adentro, y que en las placas estaba escrito Pus Juina, que es una colonización (no sé si esto es verdad). Ayer los Canoeiros estaban sacando tacuara cerca de nuestro campamento. Estuvieron aquí y se dispusieron a cooperar, si fuera necesario, para la retirada de los peones del área Salumã.

A las 8 me encuentro con los peones, que ya habían ido a avisar al grupo de Ramón de lo sucedido. Son dos grupos: uno de cuatro, que hacen la ingeniería, y otro de ocho, que son peones y que habían dicho que ya habían talado unos diez *alqueires*[2]. Los peones y los picadores están todos engañados, pues no sabían que estaban en territorio indígena. No opusieron resistencia y pidieron ayuda para ser retirados del

---

[2] *Alqueire*: medida de superficie agraria usada en Brasil.

área. Ofrecían el combustible. El capataz de los peones está asustado, pues sí sabía que era territorio indígena. Los peones están molestos por haber sido engañados. Ya anteayer requisé la mercancía. Me llevé todo y ellos no se refirieron al material incautado. Están talando a unos diez kilómetros más o menos, lejos del río. Dejan las mercancías, herramientas, etc. todas abandonadas. Dicen que podríamos quedarnos con los materiales si quisiéramos.

A las 17 el desalojo ya había sido concluido, es decir, habían sido retirados del área y dejados en la desembocadura del Papagaio. Todos confirman que el río Preto está parcelado hasta el Juruena. La parcelación y las placas del Puesto Juina se encuentran hasta las cabeceras del río Preto».

El episodio revela la complejidad del conflicto: no siempre hay una confrontación violenta, pero sí engaños y desconocimiento que generan incertidumbre. Para la comunidad, este «respiro» no significa la desaparición del problema, pues en cualquier momento podrían surgir nuevas parcelaciones. Vicente ve ahí la urgencia de una comunicación más eficaz y de un marco legal que impida las invasiones recurrentes.

Meses más tarde, Vicente escucha de boca de los ancianos la historia de un envenenamiento sucedido antes de establecer un contacto continuo con «los civilizados». El hecho trágico, que se cobró la vida de siete personas, derivó en un ajusticiamiento por parte de los supervivientes. Este relato demuestra las huellas que el contacto externo dejó en la memoria de la aldea y explica en parte su cautela ante los foráneos.

9 de noviembre de 1983

«Alrededor de las 3 comienza el ritual. Ofrecen un poco de *ketera*. A las 5:10 terminan. Los hombres se quedan en la aldea haciendo algunos adornos de collares, pues el tiempo está nublado y nadie va lejos. Limpian los mandiocales.

Cuentan una historia sobre un envenenamiento ocurrido antes del contacto, hace aproximadamente cinco años; parece que fue causado por una familia y que murieron siete indígenas, incluso niños. Después, los que quedaron del grupo mataron a los que dieron el veneno. A las 14:10 comienza el ritual Kateoko y a las 18:40 terminan. Atayna, Kayokace y Koxyhy dirigen los cantos. El ritual termina a las 19:20».

A pesar de que los esfuerzos de mediación de Thomaz y de otros misioneros redujeron los casos de violencia extrema, los recuerdos de episodios pasados siguen vivos. Cada nuevo ritual y cada asamblea para debatir las invasiones llevan implícita la experiencia de la traición y la necesidad de proteger la autonomía de la comunidad. Para Vicente, la historia resuena en la actualidad, reforzando la determinación de acompañar y defender sus derechos.

En otro contexto, el 26 de septiembre de 1977, el temor hacia los Cinta Larga[3] emergió debido a interacciones tensas del pasado, subrayando la constante amenaza que representaban otros grupos y la importancia de defender el territorio.

26 de septiembre de 1977

«Salen casi todos los hombres para hacer una gran pesca. Hacia el Camararé y el Juruena van diez hombres; otros van hacia el alto Juruena. Un grupo está dispuesto a ir hasta el Papagaio. No lo consiguen por miedo a los Cinta Larga. Pero este grupo de cinco logra pasar las cascadas, que ya conocen, y llegan hasta la hacienda Londrina, que es saqueada por ellos, llevándose

---

[3] Los Cinta Larga son otro grupo indígena en la región de Mato Grosso, Brasil. Los conflictos entre grupos indígenas y con haciendas son parte del complejo panorama de interacción y tensión en áreas de colonización y explotación de recursos.

alambres, herramientas, anzuelos, etc. Rompieron el cobertizo, que estaba cerrado, esparciendo todo por el suelo en busca de anzuelos y herramientas.

Los grupos regresan de la hacienda a la aldea con las canoas y gran cantidad de pescado».

En las páginas de su diario, Vicente Cañas documenta los desafíos afrontados por la comunidad Enawenê-Nawê en sus interacciones con las instituciones gubernamentales y en la defensa de sus territorios ancestrales. En el período comprendido entre el 22 de julio y el 11 de agosto de 1986, se revela una lucha constante por mantener líneas efectivas de comunicación y por proteger la integridad de la reserva indígena.

22 de julio de 1986 (martes) a 11 de agosto de 1986 (lunes)

«Voy a Cuiabá y a Brasilia debido al problema de la reserva indígena Enawenê-Nawê».

El impacto de la relación con el mundo exterior en la comunidad Enawenê-Nawê, como se refleja en el diario de Vicente Cañas, fue complejo y transformador. A lo largo de los años, la relación con la sociedad no indígena trajo consigo tanto desafíos como oportunidades, especialmente en términos de territorio, cultura y dinámicas sociales.

El encuentro con el «mundo civilizado» intensificó las presiones sobre las tierras y los recursos naturales de los Enawenê-Nawê. La expansión de las fronteras agrícolas y la llegada de colonos a la región representaron una amenaza directa a su modo de vida. Los Enawenê-Nawê se vieron forzados a negociar y adaptarse a nuevas realidades, muchas veces con la intervención de la FUNAI y otros actores externos. La creciente invasión de sus territorios obligó a la comunidad a replantearse su relación con el entorno y a buscar formas de proteger sus tierras y sus derechos ante un mundo que no entendía ni respetaba sus tradiciones.

Por otro lado, el contacto con el mundo exterior también significó un intercambio cultural. Aunque los Enawenê-Nawê mantuvieron firmemente sus usos y creencias, la influencia de los «civilizados» trajo consigo algunas transformaciones, especialmente en cuanto a las prácticas materiales, como el uso de ropa occidental o la incorporación de herramientas de los colonos. A pesar de estos cambios, la comunidad resistió de manera notable el despojo cultural, tratando de preservar sus rituales, lenguas y costumbres ancestrales frente a las presiones externas.

Este contacto con el mundo exterior tuvo un impacto profundo en los Enawenê-Nawê, generando tensiones sobre la protección de su territorio, su identidad cultural y sus prácticas cotidianas. A pesar de las adversidades y de las influencias externas, la comunidad supo adaptarse y resistir, buscando maneras de integrar las nuevas realidades sin renunciar a su legado cultural y espiritual. La relación con el mundo exterior, tal como la documentó Vicente Cañas, refleja la capacidad de los Enawenê-Nawê para preservar su autonomía y fortalecer sus vínculos con la tierra y la comunidad, mientras se enfrentaban a los desafíos impuestos por la modernización y la expansión de los intereses colonizadores.

Semejante proceso de adaptación no fue solo una respuesta pasiva sino una estrategia activa de resistencia cultural. Los Enawenê-Nawê, al interactuar con el mundo exterior, buscaron proteger su identidad y asegurar que sus valores y tradiciones siguieran vigentes. Los rituales y actividades comunitarias, como la pesca, la recolección de miel y las danzas, se mantuvieron como un pilar esencial para la cohesión social, la transmisión de la cultura y la conexión con su entorno espiritual.

4. Resiliencia de la comunidad ante las adversidades

En junio de 1983, Vicente describe la rutina de un grupo que se despierta antes del alba para extraer miel y desplegar redes de pesca. Al mismo tiempo, otros se encargan de la cosecha de maíz y tubérculos –ñame, batata, arruruz–, demostrando la versatilidad de la comunidad al adaptarse a la disponibilidad de recursos.

15 de junio de 1983

«El campamento de ayer ocurrió en la confluencia del Camararé con el Juruena. Temprano se extrae miel. Pescamos cinco *trairas* y varios *piaus*. En este lugar había una chacra de maíz y allí el personal cosecha ñame, batata y arruruz. Se pesca entonces otra *traira* y vamos al campamento en nuestro asentamiento».

La cooperación es patente: mientras unos manejan el humo para alejar a las abejas, otros limpian el pescado, y un tercer grupo acude a la chacra para recolectar alimentos. El resultado es una resiliencia diaria, sostenida por la certeza de que cada mano aporta al bienestar de todos.

Al final del año, el ritual Salumã se ve interrumpido por una lluvia torrencial. Lejos de cancelar la celebración, la comunidad traslada la ceremonia a la casa de Atayna, demostrando su capacidad de reorganización y la importancia de no postergar un acontecimiento sagrado.

27 de diciembre de 1983

«A las 4:20 comienza el ritual Salumã. Alrededor de las 5 se desencadena una tormenta con mucha lluvia. El ritual deja el terreno y va a la casa de Atayna (sacerdote). A las 6:15 termina. Hoy, después del ritual, las compañeras deberían entregar las calabazas a sus compañeros para buscar miel. Todos los hombres se quedarían buscando miel por unos tres días, pero la lluvia impidió la entrega de las calabazas. Pasa casi todo el día lloviendo. Los niños recogen *pequi*».

Aunque las mujeres posponen la entrega de calabazas para la recolección de miel, los niños aprovechan la lluvia para buscar *pequi*, un fruto que cae con más facilidad cuando el suelo está húmedo. Vicente observa en este contraste –la prisa de los adultos y la alegría infantil– una especie de equilibrio que permite a la comunidad mantenerse firme ante cualquier contingencia.

El año 1981, visto en retrospectiva, marcó para Vicente Cañas y para los pueblos indígenas una etapa de grandes contrastes. Por un lado, sobresalía la riqueza cultural: los rituales diarios, la música y los lazos comunitarios que se afianzaban en medio de presiones externas. Por otro lado, los conflictos territoriales con otras etnias (como los Cinta Larga) y la expansión de haciendas y colonos intensificaron la necesidad de defender la tierra y el modo de vida tradicional.

Mientras algunos misioneros se mostraban reacios a comprender la profundidad espiritual de los rituales, Vicente apostó por una evangelización empática, alineada con la defensa de los derechos indígenas. Sus diarios revelan una convivencia cercana, al ritmo de las faenas diarias, las enfermedades y las celebraciones, tejiendo puentes entre su propia perspectiva cristiana y la cosmovisión de la aldea.

Así, 1981 simboliza un punto de inflexión: a la par que la comunidad se enfrenta a tensiones y amenazas crecientes, reafirma su identidad y su capacidad de adaptarse. Vicente comprende que la resistencia no pasa por el aislamiento sino por la integración de nuevos conocimientos sin diluir la esencia cultural ni renunciar a la autonomía.

Ya en 1986, Vicente Cañas había entendido la capacidad de adaptación y fortaleza de los Enawenê-Nawê frente a los desafíos causados por la inundación del río debido a la presa. A pesar de las dificultades para pescar y para mantener operativas las trampas, la comunidad permanece optimista y continúa con sus actividades tradicionales. La recolección de materiales para asar peces y el aprovechamiento de los pequeños pececitos reflejan su determinación para asegurar el sustento y preservar sus prácticas culturales, demostrando una notable resiliencia ante las condiciones adversas.

9 de marzo de 1986 (domingo)

«A las 7 se verifican las trampas. El río está llenándose y hay muchos cardúmenes de *piaus* y *matrinxã* a lo largo de la presa, intentando descender el río, pero no pueden debido a la presa. Van de un lado a otro de la presa. No cayó ningún pez en las trampas, ya que no tienen fuerza debido a la inundación, y la gente no quiere poner más hojas por miedo a que se rompan. La gente está contenta porque los peces están descendiendo. La gente pasa el día conversando y algunos hacen trampas (*matá*). Cayó un *macuco* en la trampa de aves. Se recogen tallos de *burití* para hacer cestas donde se asarán los peces, pero aún no se han comido. Hoy, como no ha llovido en el río desde entonces, los *mataxi* tienen algunos pececitos pequeños, que son comidos».

El lunes 18 de agosto de 1986 fue un día de profunda significación en la aldea, en el que se llevaron a cabo los rituales Yaliñã y Lerohy alrededor del fuego al amanecer, seguidos de la siembra de maíz por la mañana. Durante la tarde, surgieron tensiones personales cuando Takaka, insatisfecho de su matrimonio con Kawatalo, afrontó un conflicto relacionado con un embarazo inesperado atribuido al chamán Atorenawe. Este evento no solo refleja las dinámicas sociales y emocionales dentro de la comunidad sino también la influencia de las prácticas chamánicas en la vida cotidiana de sus miembros.

18 de agosto de 1986 (lunes)

«A las 5:30 comienza el ritual Yalinã, sentados alrededor del fuego. Tocan las flautas y cantan en tono diferente. A las 8 terminan. La gente planta maíz. A las 17 comienzan los rituales Lerohy y Yalinã. Hacen una pausa y los festejantes ofrecen pescado machacado en cuencos a la gente que realiza el ritual. Luego reanudan, y el último grupo que hace Yalinã termina a las 19:30.

Takaka estaba con Kawatalo (ambos, el joven y la joven, ya casados, es decir, el muchacho ya vivía en la casa de ella). Ella quedó embarazada, pero no fue con su marido, que sería Takaka. Hoy por fin el muchacho tomó su red y fue a la casa de la madre. De hecho, ya venía estando descontento con el matrimonio, pues ella, antes de quedar embarazada, provocó un aborto; entonces el muchacho ya no quería más. Aun así, él se quedó con ella y ahora ella aparece embarazada, sin que el muchacho haya tenido relaciones con ella. Dijo que fue Atorenawe. Ya son dos jovencitas (las dos chamanas) que quedaron embarazadas por el chamán».

El viernes 12 de diciembre de 1986 amaneció con una mezcla de rutina y tensión en la aldea. A las primeras horas de la mañana, Koxyhy emprendió su recorrido de casa en casa, manteniendo breves conversaciones con cada uno de los hombres de la comunidad. La lluvia comenzó a caer al clarear el día, cuando la vida cotidiana aún no había arrancado por completo en las viviendas. A las 9:30, la actividad se intensificó con la preparación de paja, acompañada de la hospitalidad de Dohaiarea, Tenakwa y Walytere, quienes ofrecieron chicha a los vecinos.

El mediodía trajo consigo noticias sombrías: Atayna, el chamán, informó de que el grupo que descendió por el río 12 de

Octubre había llegado al puerto, pero lamentablemente también anunciaron la desaparición de Xinarece, una niña de aproximadamente seis años. La comunidad, consternada, cesó sus labores para realizar el llanto ritual en honor a la niña perdida. La llegada de los padres de Xinarece, cargados con ollas de aluminio y ropa obtenida de los Nambikwara, intensificó el ambiente de luto y sospecha, ya que pocos peces fueron traídos y se suscitaron rumores de posibles conflictos con los Nambikwara.

A lo largo de la tarde, la aldea se vio envuelta en una serie de eventos que mezclaron el dolor por la pérdida de la niña con manifestaciones de resistencia y tradición. Los hombres, adornados con *burití* y portando peces, llevaron a cabo actos que parecían señalar un enfrentamiento con los Nambikwara, mientras las mujeres, los niños y las familias afectadas observaban con preocupación. Al caer la noche, la comunidad se unió en rituales ancestrales como el Yohú y el Salumã, combinando danzas, cantos y ofrendas de chicha en un intento de apaciguar a los espíritus y reafirmar los lazos comunitarios.

12 de diciembre de 1986 (viernes)

«A las 5 Koxyhy va de casa en casa y tiene una pequeña conversación con cada uno de los hombres. Llueve al clarear el día y la gente aún no comienza a trabajar en la casa. A las 9:30 comienzan a preparar paja. Se ofrece chicha y quienes la ofrecen son Dohaiarea, Tenakwa y Walytere. Al mediodía ya comienzan a colocar la paja en la casa. A las 13:30 llega la noticia, a través de Atayna (chamán), de que el grupo que fue al río 12 de Octubre ya llegó y están en el puerto. También traen la noticia de que Xinarece, una niña, se perdió. La gente comenta que deben de haber golpeado a la niña. Dan por terminado el trabajo debido a las noticias y los parientes más cercanos de la niña hacen el llanto ritual.

A las 14:30 llega la gente y los padres de la niña perdida lloran. La gente que llega viene con muchas ollas de aluminio y ropa conseguida de los Nambikwara. No traen ningún pescado, vamos, muy pocos. Los hombres quedaron atrás, llegando solo las mujeres, los niños y la familia que perdió a la niña. A las 15:15 llegan los hombres; dos de ellos entran adornados con *burití*, con peces en la mano. Van a la casa de la pareja y dan algunos gritos. Ofrecen peces a la pareja. Agarran a la pareja y la llevan hacia el camino, ofreciéndole pescado. Luego entran hombres y cada uno va a su casa cargando el *xiri*; a simple vista se percibe que trajeron muchas ropas, ollas y herramientas. Parece que saquearon a los Nambikwara, pues dos niños dijeron que en la aldea de los Nambikwara no había nadie.

Lo que dicen de la niña que se perdió: pararon para buscar miel en la orilla del río. Las mujeres se quedaron en las canoas y la niña Xinarece (la perdida) dijo que iba a chupar miel (la gente estaba cerca recogiendo miel), salió de la canoa y fue en dirección a donde estaban recogiendo miel, pero la niña desapareció y no la volvieron a ver. Estuvieron dos días acampados buscando a la niña y no encontraron nada, ni rastro. Esta niña debía de tener unos seis años.

Aquí en la aldea dicen que fue Yakairiti quien se llevó a la niña. Esta niña, Xirarese, era hija de una madre soltera, que varias veces intentó enterrar a la niña. Esa madre soltera luego se casó con un viudo, Walytere. De ese matrimonio nacieron dos niñas. Al principio, la niña era rechazada por el padre adoptivo y vivía medio asustada. A pesar de eso, la niña jugaba mucho. Finalmente, el padre adoptivo mostró algo de cariño y cambió el nombre a la niña. Walytere, padre adoptivo, varias veces ya llevó a la niña al bosque. La madre se mostraba medio ruda con la niña. En fin, ahora todo terminó. La niña desapareció ya hace cuatro días. Los abuelos de la niña hoy realizaron el llanto ritual durante dos horas y media. Esta pérdida es extraña, pues toda la gente estaba cerca.

A las 18 la gente coloca paja en la casa hasta que está casi oscuro. A las 20 la gente que llegó se dirige al camino, se adornan con paja de *burití* y entran a la aldea, realizando un ritual del tipo Yohú, que es una danza libre con arco y flecha en la mano, apuntando en diversas direcciones; imitan el ronquido o el grito de un animal o ave, dan una vuelta por el patio y se detienen. Tocan una flauta de un caño y comienzan a cantar y bailar alrededor del fuego. Realizan los rituales Salumã y Menorerá. Cuando terminaba el ritual, iban al camino y comenzaban otro. Tenakwaneto, festejante, ofrece chicha a la gente del ritual y también ollas de *olocuare*. Las parejas ofrecen chicha a sus parejas. Dos danzan con sombrero en la cabeza; las parejas se retiran y lo llevan consigo. Otro está con una olla de aluminio colgada; la pareja la retira y la lleva consigo. A las 20:30 termina el ritual. Los hombres que ya estaban aquí después del ritual ofrecen pescado a sus parejas».

Esta jornada, marcada por la adversidad y la solidaridad, refleja la resiliencia de la aldea frente a las incertidumbres y desafíos a los que se enfrentaban, entrelazando lo cotidiano con lo ritual en una danza de emociones y tradiciones que definen el espíritu de su gente.

La resiliencia de los Enawenê-Nawê ante las adversidades, tanto las internas como las externas, es un tema central en el diario de Vicente Cañas y en la documentación del pueblo Enawenê-Nawê. A través de sus vivencias cotidianas, los Enawenê-Nawê han demostrado una capacidad extraordinaria para adaptarse a los desafíos, ya sean naturales, sociales o provocados por el contacto con el mundo exterior.

Desde el punto de vista de Vicente Cañas, su experiencia con la comunidad refleja una resistencia cultural que no solo es física sino también espiritual. En sus escritos se puede ver cómo la comunidad afronta las amenazas externas, como la invasión de sus territorios por parte de colonos, la presencia de empresas extractivas y la presión constante para que abandonen sus formas de vida tradicionales. A pesar de estos desafíos, los Enawenê-Nawê han logrado mantener una fuerte identidad cultural, marcada por sus rituales, su espiritualidad y su profundo respeto por la naturaleza. Los rituales como el Salumã y las prácticas agrícolas, como la siembra de maíz, están imbuidos de un sentido de resistencia, pues no solo cumplen una función económica sino también simbólica, reforzando la unidad y la cohesión social.

La resiliencia espiritual de los Enawenê-Nawê también es notable. Los rituales no solo sirven como mecanismos de cohesión social, sino que son espacios de reafirmación cultural. Estos rituales permiten a la comunidad mantener un vínculo profundo con sus ancestros y con la tierra, fortaleciendo su identidad frente a las adversidades. En momentos de crisis, como los conflictos territoriales o la pérdida de miembros de la comunidad, los rituales ofrecen un espacio para el duelo, la sanación y la renovación del espíritu colectivo.

Además, la solidaridad y el trabajo comunitario son fundamentales para la resiliencia de los Enawenê-Nawê. La cooperación mutua en actividades como la pesca, la recolección de miel o la siembra es un pilar que sostiene a la comunidad. En situaciones de escasez o adversidad, los miembros se apoyan mutuamente, compartiendo los recursos y garantizando la supervivencia colectiva. A través de este apoyo mutuo, los Enawenê-Nawê no solo sobreviven, sino que mantienen vivos los valores que definen su identidad.

En resumen, la resiliencia de los Enawenê-Nawê, como se refleja en el diario de Vicente Cañas, es un testimonio de su capacidad para adaptarse y resistir frente a las adversidades. A pesar de las amenazas externas, las tensiones sociales y los desafíos de la modernidad, esta comunidad ha logrado preservar su cultura, su espiritualidad y su autonomía. Esta resistencia no es solo física sino profundamente espiritual y comunitaria, lo que les permite seguir adelante con dignidad, esperanza y una profunda conexión con su identidad.

5. Conclusión

El análisis detallado de los desafíos sanitarios y sociales afrontados por los Enawenê-Nawê, basado en los diarios de Vicente Cañas, revela una comunidad profundamente resiliente y cohesiva que, a pesar de las múltiples adversidades, ha logrado mantener intactas su identidad cultural y su estructura social. A lo largo del capítulo, se han destacado tres ejes centrales: las epidemias y la atención médica, el impacto del contacto con el mundo exterior y la resiliencia de la comunidad ante las adversidades. Cada uno de esos aspectos no solo refleja las dificultades inherentes a la vida de los Enawenê-Nawê sino también las estrategias efectivas que han desarrollado para superarlas.

Las epidemias de enfermedades intestinales, malaria y otras dolencias mencionadas en los diarios de Vicente Cañas ponen de manifiesto la vulnerabilidad de la comunidad frente a enfermedades infecciosas, exacerbada por condiciones sanitarias precarias y el limitado acceso a servicios médicos adecuados. Sin embargo, la respuesta de los Enawenê-Nawê a esas crisis sanitarias demuestra una notable capacidad de adaptación y resistencia. La adopción de remedios occidentales complementados con la medicina tradicional y los rituales comunitarios evidencia una estrategia integral, que busca no solo tratar los síntomas físicos sino también fortalecer la cohesión social y el bienestar espiritual de la comunidad.

El papel de Vicente como intermediario médico es crucial, ya que su presencia y sus esfuerzos por introducir medicamentos occidentales ofrecen una herramienta adicional para afrontar las enfermedades. No obstante, la dependencia de prácticas tradicionales y la participación activa de los chamanes locales subrayan la importancia de mantener un equilibrio entre conocimientos ancestrales y modernidad, lo que contribuye a una atención más holística y culturalmente sensible. Este enfoque híbrido no solo mejora la eficacia del tratamiento, sino que también refuerza la confianza y la cooperación dentro de la comunidad, aspectos fundamentales para enfrentar colectivamente las crisis sanitarias.

Uno de los aspectos más significativos que emergen de este análisis es la capacidad de los Enawenê-Nawê para integrar saberes tradicionales con conocimientos externos, fortaleciendo así su resistencia cultural. La combinación de medicina tradicional y occidental, junto con la adaptación de prácticas rituales, refleja una estrategia dinámica que permite a la comunidad afrontar desafíos contemporáneos sin renunciar a sus raíces culturales. Esta integración no solo mejora la capacidad de respuesta ante las epidemias, sino que también facilita un diálogo intercultural que puede contribuir a la preservación y el enriquecimiento de la identidad indígena.

La resistencia cultural de los Enawenê-Nawê se manifiesta en la perseverancia de sus rituales, lenguas y costumbres ancestrales, a pesar de las presiones externas para adoptar formas de vida más «civilizadas». Este esfuerzo consciente por mantener y revitalizar las tradiciones culturales es una forma de resistencia frente a la homogeneización cultural impuesta por la modernidad y la colonización. Al reafirmar sus prácticas culturales, la comunidad no solo preserva su identidad, sino que también fortalece su cohesión social y su capacidad de afrontar colectivamente las amenazas externas.

4

Inculturación y transformación personal

1. Introducción

Cuando Vicente Cañas llegó al territorio de los Enawenê-
Nawê, lo hizo como misionero, pero también como aprendiz
dispuesto a sumergirse en una cultura que, cuanto más conocía, más le fascinaba. A través de sus diarios, podemos conocer
el proceso de adaptación, la inmersión en los rituales y el día a
día de la comunidad, y finalmente su conversión interna: una
transformación que lo llevó a entender la fe y la vida de un
modo mucho más amplio y profundo. A continuación, se presentan fragmentos de esos apuntes donde se aprecia cómo la
inculturación y la convivencia cercana con los Enawenê-Nawê
marcaron la trayectoria personal y espiritual de Vicente.

2. Adaptación cultural

Al comienzo de 1981, Vicente se vio envuelto en la magia de
los cantos al amanecer y de los rituales que oscilaban entre la
cotidianidad y lo sagrado. La pintura corporal con *jenipapo* y
urucú, las risas de los niños y el ir y venir de las mujeres con
calabazas de chicha de miel le enseñaron que cada actividad
–desde buscar miel hasta arrancar mandioca– podía convertirse en un acto festivo. Poco a poco, pasó de ser mero observa-

dor a participar tímidamente, probando la chicha y sintiendo el latido de una comunidad cuya música y alegría resonaban desde el amanecer hasta la noche.

12 de enero de 1981

«Hacia las 4, las mujeres comienzan a cantar sentadas alrededor del fuego, terminando a las 5:30. Un grupo de hombres va a buscar miel. Unos ocho hombres se quedan y juegan a la pelota. Hacia las 14:30 llegan los hombres que fueron a buscar miel y, al regresar, entran a la aldea dando gritos. Por la tarde también juegan a la pelota. Las mujeres van a arrancar mandioca. La alimentación de estos días es maíz, mandioca y pescado, que aún tienen de aquel que trajeron cuando estaban en los campamentos. Algunas mujeres están pintadas de *jenipapo*, sobre todo en las piernas. A las 15:20 comienza el ritual con las mujeres en la casa de Ualytere y van de casa en casa, bailan y luego hacen una pausa. Todas ellas van pintadas de urucú, pero no usan ningún adorno, ni de plumas ni collares. Tampoco usan los pendientes. El personal, de vez en cuando, arroja miel a las mujeres, es decir, chicha de miel. Quien dirige los cantos es Kayoko. A las 18:10 comienzan a poner las calabazas de chicha de miel en el patio, mientras que las mujeres dejan de bailar y cantar y van llevando la chicha. Quienes ofrecen la miel son: Kayouekua, Yanaylyly, Kaualy, Ualytere, Kayueta, Atayna, Tyholoceene y Koxyhy, además de todos los compañeros, que ofrecen a sus compañeras. Las mujeres llevan la chicha y entregan las calabazas vacías a los hombres. A las 19:05 vuelven a cantar y bailar y a las 19:50 termina el ritual».

La siembra en la chacra se convertía en una auténtica celebración colectiva. Vicente aprendió a reconocer las distintas melodías de las flautas y sus llamadas: prepararse para el trabajo, recoger la mandioca o anticipar la danza nocturna. Junto a hombres y mujeres, cavaba la tierra, compartía semillas y, sobre todo, participaba de los rituales que unían el esfuerzo agrícola con la gratitud hacia la naturaleza.

20 de junio de 1981

«A las 4, el personal va a la chacra del Yãkwá [...]. Se planta una buena porción de la chacra. Al final del trabajo, los Aures tienen una pequeña conversación con la gente. Se termina el servicio a las 11:15. Regresan cantando a la entrada de la aldea hasta la casa de las flautas. Las personas que fueron anoche a la chacra casi no durmieron. La chacra del Yãkwá fue repartida entre los que cuidan la chacra, que son: Ualytere (sacerdote), Kayouekua, Anaure, Yotoxy y los niños Takaka (hermano de Anaure) y Uayaku (hijo de Ualytere). El resto del personal se prepara [...]. Son los Aures quienes dirigen todo. A las 15 tocan las flautas en la casa de las flautas. El personal sale con los *xiris* para buscar ramas de mandioca, que son llevadas a la chacra del Yãkwá. Anaure y Yotoxy fueron a pescar y pescaron varios *robafós* y *piavas*. A las 15:15 sale un grupo adornado con flautitas pequeñas de un tubo y va por el exterior de las casas cantando.

A las 16:15 tocan las flautas y el personal va a la casa de las flautas. El personal busca ramas de mandioca, que se dejan en la chacra del Yãkwá.

A las 18, Tyholoce coloca en el terreno diecinueve ollas con *beiju* y *olocuare*. Pasan por las casas avisando. Los hombres salen al terreno y se les ofrece chicha. Por la noche, sale la Irinã».

Dos años después de aquellos primeros contactos, Vicente fue testigo de un rito de iniciación que marcaba la transición de un adolescente a la vida adulta. Pinturas con urucú, gritos ceremoniales y el acompañamiento de toda la comunidad hicieron visible la trascendencia de cada detalle simbólico. Vicente notó cómo el joven no era el único transformado: cada persona contribuía con un gesto solidario, reforzando la cohesión del grupo y el significado de pertenecer a la aldea.

9 de septiembre de 1983

«Rito de iniciación. Temprano algunos hombres van a la casa de las flautas, llevan algunas flautas y paja del estuche peniano. Llevan una *borduna*[1] y un tamiz cuadrado. Dan algunos gritos y vienen más hombres. Atayna (sacerdote) antes va por las casas y tiene una pequeña conversación con los hombres. Luego va a la casa de Takaka, que es su cuñado. Takaka (adolescente), tras una conversación, es llevado del brazo hasta la casa de las flautas. Se queda de pie sobre el tamiz. Kueyroceene coloca el estuche peniano al joven, que está acostado, y este se pone de pie; los demás pintan al joven con urucú y colocan los adornos de Yãkwá. Durante la pintura y colocación de los adornos, Atayna (sacerdote) y Yanaylyly dan gritos alternados y hacen pausas. Los otros tienen hojas de palma en las manos. Atayna y Yanaylyly dan los gritos más continuos, uno tras otro.

Atayna toma las manos del joven, da unos gritos y golpea suavemente con las hojas de palma; luego el personal da gritos y todos golpean suavemente al joven con las hojas de palma. Una vez hecho esto, Atayna toma las flechas, las pajas del estuche peniano y la macana y las entrega al joven, quien lo sostiene todo con la mano izquierda debajo del brazo. Atayna lleva el arco en la mano derecha y con la izquierda toma al joven del brazo; sale de la casa de las flautas y camina con él hasta donde vive. Entra en la casa y entrega al joven a su madre, que es viuda, manteniendo una pequeña conversación con la madre del joven y con su hermano mayor. Luego Atayna se va a su casa y el joven se quita los adornos de Yãkwá. Sale fuera de la casa y se quita la paja peniana, que era provisional; coloca otra definitiva y vuelve dentro de la casa. Xalokua ayuda al joven a colocar la paja. Están fuera de la casa. El joven ritualmente iniciado lleva una vida normal, solo que permanece dentro de casa y camina poco hasta que se acostumbre, etc.

---

[1] *Borduna*: arma indígena de ataque, defensa o caza; es una especie de porra de madera.

Los hombres van a recoger pescado donde ayer utilizaron timbó. Limpian el mandiocal y replantan.

Anaure, que antes de ayer ofreció *olocuare* al personal, es hermano del joven del rito de iniciación. Ya venían hablando de esta ofrenda días atrás. A las 18:40 las mujeres van por las casas y tienen una pequeña conversación con los hombres, y también con los niños ya crecidos. Los hombres, después de que las mujeres se van, dan gritos y arrojan chicha de miel a las mujeres. Luego van al terreno y comienzan a cantar el Kateoko. Kayoko dirige los cantos, pero de vez en cuando también Kayokace.

Otro grupo de mujeres, que no están cantando, van por las casas y tienen una pequeña conversación con los hombres. El personal dice que son dos rituales del Kateoko, que se harán en dos etapas. Cada hombre tiene su compañera. A las 19:45 termina el ritual».

Ya en 1986, vemos cómo Kiwxi se entiende e interacciona con los miembros de la aldea, de manera que se hace cargo de lo que está aconteciendo en cada instante.

30 de diciembre de 1986 (martes)

«A las 4:30 comienza el ritual Menorerá. Las compañeras ofrecen *ketera*. A las 7:15 el ritual sale del *terreiro* y va a las casas. Las mujeres sacan mandioca. Los enfermos mejoran de forma notable; hoy ambos ya caminan un poco y la fiebre no ha regresado. En todas las casas rallan mandioca y las mujeres preparan *olocuare* con el jugo de la mandioca. Varias mujeres bailan también hoy.

A las 17:25 el ritual se dirige al patio. En el centro hay una *cuia* con algo de chicha de maíz; encima de la *cuia* hay un colador (*peneira*) y un tazón con hilos de algodón dentro de una hoja verde (Zakuti). Poco antes de terminar, algunas mujeres entran en el patio y rompen calabazas y una olla, diciendo: "Aquí está mi compañero". Los hombres siguen cantando, mientras las mujeres sueltan risas sonoras. A las 17:40, la danza gira en sentido opuesto al habitual y acaban todos juntos en el centro, terminando a las 17:45. Se corta leña para la noche y se juega un poco a la pelota. El chamán Koxyhy lleva el algodón que había en la vasija a su casa para hacer bolitas y canutos, que coloca en la esquina del tazón (después las pondrá detrás de la oreja de los enfermos).

Durante la pesca en el 12 [río 12 de Octubre], el chamán Atayna "consagró" como chamana a Kamueyroce, hija de Orytakaneto, ya que en estos días ella lo acompañó al monte junto con Walawalo, que ya era chamana».

En estos apuntes se percibe la adaptación que Vicente vivía: la música, la pintura y la danza ya no le resultaban extrañas sino íntimamente ligadas a su experiencia diaria. Con cada nuevo ritual y cada participación más activa, la cultura Enawenê-Nawê se convertía más en parte esencial de su propia forma de entender la espiritualidad y la vida.

En el diario de Vicente Cañas, la adaptación cultural a la vida de los Enawenê-Nawê se presenta como un proceso gradual y profundamente personal, lleno de aprendizajes, desafíos y momentos de reflexión. A lo largo de sus páginas, se evidencia cómo Cañas, en su condición de misionero, busca comprender y adaptarse a las costumbres, valores y espiritualidad del pueblo indígena, sin dejar de ser fiel a su vocación religiosa. Sin embargo, más que una simple convivencia, su adaptación se muestra como un proceso de inmersión activa en la vida cotidiana y cultural de los Enawenê-Nawê.

Desde sus primeras anotaciones, Cañas muestra un claro interés por entender el entorno cultural de los Enawenê-Nawê. Al principio se centra en aprender sobre su organización social, los rituales y la relación estrecha que mantienen con la naturaleza. Actividades como la pesca, la recolección de miel y las celebraciones de la cosecha son descritas en detalle, mostrando cómo estas prácticas no solo son medios de subsistencia sino momentos profundamente espirituales e integrales de la vida comunitaria. A medida que avanza el diario, Cañas se va involucrando progresivamente en esas actividades, destacando en sus escritos la importancia de compartir con la comunidad, ya sea en el trabajo o en los rituales.

3. Reflexión sobre su conversión a la espiritualidad indígena

Desde el comienzo, los cantos al amanecer y el respeto a la naturaleza despertaron en Vicente una profunda curiosidad por la cosmovisión indígena. Con el paso del tiempo, esa curiosidad se transformó en una experiencia interior que sacudió sus propios cimientos religiosos.

Una noche de noviembre de 1983, Vicente contempló el poder del chamanismo como un vínculo directo con las fuerzas invisibles que sustentan la vida. Ver a la esposa de Kaualy hacer una ofrenda para la curación de su hija le mostró que la fe entre los Enawenê-Nawê era compartida, solidaria y cotidiana. El trance del chamán Atayna, como mediador entre el mundo humano y el espiritual, hizo que Vicente se replanteara su propia concepción de lo sagrado.

10 de noviembre de 1983

«El ritual Kateoko comienza a las 2:15. Antes del amanecer van por las casas y, cuando el día ya está claro, vuelven al terreno. A las 5:10 terminan. Los hombres van a buscar fruto de *burití* y también *jenipapo* para entregarlos a las mujeres para que se pinten. Alguna que otra mujer arranca mandioca. Aparecen varios casos de fiebre en los niños y dolor de cabeza en los adultos. También aparecen varias personas con parásitos. Tanto adultos como niños comen frutos de *burití*, pescado y *beiju*. Comen también hojas de mandioca hervidas y machacadas con pescado. Beben chicha de miel. Los niños juegan con flechas y pasan el día intentando cazar lagartijas y pajaritos. Hay varios casos de dolor de muelas, lo cual es siempre muy común. Varios hombres preparan cuentas de coco para hacer collares. A las 18 los hombres traen bastante leña para el fuego y la colocan en el centro del terreno, donde está el fuego. A las 18:30 encienden el fuego en el terreno y a las 19:15 comienza el ritual Kateoko. Los dos Atayna dirigen los cantos. A las 19 la esposa de Kaualy ofrece a los hombres pescado machacado en vasijas, pues su hija está enferma, con problemas de estómago y vómitos. Esta ofrenda es para que el espíritu malo no siga afectando a la salud de su hija. Alrededor de las 23 el chamán Atayna entra en trance».

Esa noche, Vicente se sentó cerca del fuego, sintiendo el calor de las llamas y la presencia viva de la comunidad a su alrededor. Sus ojos se posaban en el chamán Atayna, cuyos cánticos parecían pulsar con la respiración de la selva. El tiempo pareció detenerse cuando Atayna, en pleno trance, hizo visible la conexión entre el mundo humano y la dimensión espiritual. Para Vicente, ver a la esposa de Kaualy ofrecer pescado machacado para sanar a su hija revelaba la fuerza de la fe comunitaria: no era individual sino una entrega compartida y solidaria.

Más tarde, al retirarse para descansar, Vicente no pudo evitar comparar la potencia de ese ritual con las ceremonias religiosas de su propia tradición. Sentía que cada acto –el fuego, la pintura con *jenipapo*, la chicha– tejía un puente con lo sagrado que trascendía toda barrera cultural.

Meses antes, otro ritual había demostrado a Vicente que la espiritualidad no depende de un espacio fijo sino del corazón de quienes la practican. La lluvia que empapaba la selva no fue obstáculo para seguir honrando lo divino, y los niños, con su alegría al recoger *pequi*, iluminaban la aldea con su esperanza.

7 de febrero de 1983

«A la 1 los hombres salen al terreno, como ayer, y toman la chicha que se ofrece. Quienes ofrecen son Xynaua, Atayna (sacerdote), Yalauyanaceatokue y Dadouery. Después de ofrecer y beber, el personal vuelve a dormir. A las 3 comienza a llover y a las 4 comienzan el Lerohy y Yalinã. Debido a la lluvia, el Lerohy se queda en la casa de Atayna (sacerdote). Tocan y cantan, terminando alrededor de las 6:15. El Yalinã, debido a la lluvia, se realizó en la casa de las flautas. Termina alrededor de las 6:40. A las 7 comienza el juego de pelota y dura hasta las 10:30. Los hombres van a sacar material para hacer *xiris* para colocar harina y *beiju* para llevar a las presas.

Durante estos días de juego de pelota, los hombres traen la leña temprano, alrededor de las 14 o las 15, para luego jugar a la pelota el resto de la tarde.

Las mujeres arrancan mandioca y preparan *ketera*. Hoy en todas las casas las mujeres pasan el día haciendo *beiju*, para que quede seco y llevarlo a las presas».

Con cada ceremonia y danza, Vicente forjaba en su interior una síntesis entre la herencia cristiana que traía y la fuerza natural de los ritos indígenas. Su diario muestra cómo su percepción de Dios se ensanchaba al ver la íntima comunión entre el pueblo y la selva.

El año 1983 concluye dejando un testimonio invaluable del compromiso y sensibilidad del hermano Vicente Cañas hacia la vida y espiritualidad de los Enawenê-Nawê. A través de sus escritos se percibe una convivencia marcada por el respeto mutuo, el aprendizaje continuo y la entrega absoluta a la misión.

Los detalles sobre los rituales, las relaciones sociales y los desafíos diarios reflejan su inmersión en una realidad que va más allá de lo material, conectando profundamente con el alma de este pueblo. Este diario no solo es un registro de su experiencia personal sino también un legado que invita a reflexionar sobre la riqueza de las culturas originarias y la importancia de la convivencia armónica entre diferentes cosmovisiones. Refleja cómo su inmersión en la vida indígena le permitió conectar profundamente con la espiritualidad del pueblo, enriqueciendo su propia perspectiva. De hecho, en su diario, en agosto de 1983, comienza a escribir en la lengua de los Enawenê-Nawê. Esto nos muestra el nivel de inculturación y transformación del jesuita.

16 de agosto de 1983

«Hoy Atayna y [Sotairiti] trajeron mucha miel. Oritaka trajo mucha miel. Kayokace y Yalauyanaceatokue trajeron miel para sus esposas en las rozas de batatas, frijoles y demás (campos de maíz del año pasado, en el medio Camararé). Hoy hay pesca con timbó.

Volveré por la noche[2]».

Para Vicente, la transformación que se gestó a lo largo de 1983 no fue un suceso abrupto sino un proceso paulatino en el que cada danza, cada momento junto al fuego, cada charla con los chamanes, le ofrecía una nueva pieza para reconstruir su propia visión de lo sagrado. El respeto por la naturaleza, la fuerza de la unión comunitaria y la apertura para enfrentar los desafíos de la vida se convirtieron en rasgos esenciales de su fe renovada.

---

[2] Este párrafo está escrito en lengua indígena (con una frase en portugués): «Hâne Atayna (zotairiti) maha nataka, keuaka akulatene. Orytaka, maha notaka keuhaka akulatene. Kayokace, Yalauyanaceatokue, akulatane uheru, italati amaiô, kumàtaçe (*roças de milho do ano passado, no médio Camararé*). Hâne aikona, keuaka kohaçe; mekinà tokuata». La traducción al portugués fue realizada por Yokwari Anaolili Kaholase Saloma, de la etnia Enawenê-Nawê, el 20 de noviembre de 2024. Ella señaló que es difícil comprender lo que está escrito aquí, pero consiguió encontrar el sentido del texto.

Y así cerró el año, con el corazón anclado en la selva y la mente abierta a seguir explorando ese universo espiritual que, de una forma silenciosa y firme, había calado en él para siempre.

Un aspecto fundamental del diario es el de su participación en los rituales. En varias entradas, Cañas describe su presencia en las ceremonias tradicionales, siempre con una postura respetuosa, reconociendo la riqueza espiritual que contienen. A través de esas experiencias, no solo se conecta con la comunidad, sino que también se acerca a una forma de espiritualidad profundamente vinculada a la naturaleza y al cosmos. En este sentido, Cañas no se limita a observar, sino que se ve involucrado en esos momentos, participando activamente en las prácticas, lo que le permite tener una comprensión más cercana de los significados que los Enawenê-Nawê otorgan a dichos rituales.

4. Compromiso y cambio de perspectiva

La adaptación y la reflexión interior de Vicente no fueron procesos aislados: se plasmaron en un compromiso concreto con la vida comunitaria y en una nueva perspectiva desde la cual miraba su misión.

La vida en la aldea está cargada de tensiones para Vicente, quien se encuentra en un dilema sobre su papel dentro de la comunidad Enawenê-Nawê. Aunque su presencia es un apoyo importante, él es consciente del riesgo de volverse indispensable en tareas que, para el bien de la autonomía del grupo, deben ser gestionadas por ellos mismos. Por ejemplo, el día 25 de diciembre de 1979, ante la insistencia en utilizar su canoa para buscar maíz, Vicente toma una postura firme, negándose a realizar el viaje. Su negativa no es un gesto de indiferencia sino una declaración de respeto hacia la capacidad de la comunidad de mantener su autosuficiencia. Sin embargo, esta decisión no está exenta de incomodidad, pues deja entrever la delicada línea entre el apoyo necesario y el peligro de dependencia. Este momento refleja no solo el compromiso de Vicente con los Enawenê-Nawê sino también su profundo entendimiento de los valores de la inculturación y el respeto mutuo en el acompañamiento misionero.

25 de diciembre de 1979

«Es una gran molestia. Todos quieren que vaya a buscar maíz con la lancha. No voy por nadie, ni pienso ir».

Vemos cómo ya en 1983 –hacia el final del diario– Vicente dejó de ser un mero transmisor de la fe para volverse aliado y mediador, tanto en la atención a los enfermos como en la organización diaria. Al verificar la recuperación de un niño, compartir alimentos o velar por las trampas de pesca, Vicente experimentaba que su vocación se enriquecía con la reciprocidad y la hermandad que caracterizaban a la aldea.

4 de marzo de 1983

«Temprano el personal se va y nosotros también. Al mediodía llegamos al puerto de la aldea. Encontramos a dos personas que dicen que el niño que estaba enfermo ya está bien. Adalberto se queda en la aldea y yo voy al río Mutum, donde está la presa. El chamán también viene junto con nosotros. Las mujeres mandan *beiju* para sus parientes. Cuando llegamos, el personal estaba ofreciendo pescado unos a otros (Yakairiti). En estos días ya han dado pescado para ir asando y guardando. Por la tarde, las trampas no tenían pescado. El personal también preguntaba por sus parientes y por las mujeres. La conversación se prolongó hasta entrada la noche».

En esta escena, Vicente describe una jornada en la que la plantación de mandioca se funde con rituales y ofrendas de chicha, abarcando desde el alba hasta bien entrada la tarde. Su participación activa en la siembra y la ceremonia le mostró que, para los Enawenê-Nawê, el trabajo colectivo no es solo economía sino espiritualidad compartida, un momento en que la comunidad se renueva y fortalece.

15 de mayo de 1983 (domingo)

«Al amanecer el personal lleva *ketera* al personal. Alrededor de las 8 la chacra ya está plantada. Un grupo de hombres se adorna con pajas de *burití*, se pintan con barro y van a la aldea, donde realizan el ritual de ir por las casas por el lado de afuera. Golpean con varas dando gritos. Luego vuelven a la chacra y más tarde los festejantes traen chicha y sal, deteniéndose en medio de la chacra, donde están los pies de mandioca adornados, aquellos en los que habían arrojado pedazos de ramas en los hoyos, etc. Cada una de las personas tiene una pequeña conversación con los festejantes. Ofrecen chicha y beben, echándola también encima de los hoyos de mandioca. Luego hacen el ritual de la ofrenda de sal realizado por los festejantes.

El personal se baña y se dirige a la aldea. Se forman cuatro grupos, con los adornos de Yãkwá. Salen de la casa de las flautas, tocan y cantan un poco y van dentro de las casas de los festejantes cantando. Luego terminan y se forma otro grupo de flautas rajadas. Otro grupo se forma en el camino, es decir, se forman varios grupos y en el camino tocan las flautas y cantan luego frente a las casas y por el terreno. Así que terminan, los tocados de Yãkwá son recogidos por los festejantes y guardados. Termina esta fase del ritual con la conclusión de la plantación de mandioca y la entrega de las chacras a los festejantes que permanecerán en la aldea en los próximos años en las pescas de las presas.

El último grupo que se forma comienza en el camino y canta el Menorerá en el terreno y termina. Luego se forman dos grupos en el camino. Estos son: Lerohy y Yalinã. Los festejantes les colocan los adornos. Se dirigen al terreno y luego van a las casas de los festejantes. Ualytere, Tyholoceene y Atayna (sacerdote) fueron los que cuidaron de la chacra, recibían al personal en la chacra y todos los días, después del término del trabajo, eran los que tenían una pequeña conversación con el personal. Los tres supervisaban el trabajo. Eran ellos los que siempre llegaban primero al trabajo y los últimos que se retiraban. Fueron ellos los que el año anterior eligieron el lugar para hacer la chacra, así como su tamaño. Eran los jefes del trabajo. Los últimos en terminar son el grupo del Lerohy. Esto sucedió alrededor de las 15. Terminan en el centro del terreno. Al atardecer los festejantes ofrecen ollas de *olocuare* y *beiju*».

19 de mayo de 1983

«El ritual comienza de madrugada, con tres grupos. Al amanecer Kaualy coloca veintidós ollas de *olocuare* y *beiju* para el personal. También los festejantes colocan en el terreno cinco ollas de chicha para ser llevadas al trabajo. También al amanecer se forma un grupo de dos con flautas rajadas, que van por las casas de los festejantes por el lado de afuera. Este grupo está compuesto por Kayokace y Tyholoceene y se quedan haciendo el ritual cuando los tres grupos terminan. En cuanto el personal va al trabajo, este grupo también termina. Cuando el día ya está claro, el grupo termina en dirección al camino donde se dejan los adornos y las flautas. Atayna (sacerdote) tiene una pequeña conversación con el personal que va terminando el ritual. El grupo del centro del terreno hace pausa sentándose alrededor del fuego y dos de ellos, también sentados, tocan las flautas rajadas y cantan. El grupo de flautas rajadas que va por las casas solo fue a la casa del festejante Xalokua y luego a la casa de Atayna (chamán), que será el dueño o dirigente del nuevo desmonte y derribo que se harán después del término de la plantación de mandioca, que

actualmente se hace en la chacra del Yãkwá. Kokore y Xalokua serán los dueños a quienes se entregará, una vez plantada.
Después del ritual todos van a la chacra del Yãkwá. Se trabaja
en limpiar y cuando se vuelve, comienza el ritual, que es realizado por los mismos grupos de ayer. Luego queda un grupo
en el terreno. Cuando este grupo termina, comienza otro. Los
festejantes ofrecen *oleniti* (chicha). Los festejantes colocan
hojas de palmera en el terreno para que el personal que realiza el ritual pueda protegerse del sol. Hoy, como ayer, hace
mucho calor. En este ritual las danzas se realizan en forma de
abanico, mientras que de madrugada se hacen alrededor del
fuego. El personal anda con esas heridas que dan inflamación. Tres hombres que tuvieron sus pies heridos por espinas
en la chacra están con inflamación y fiebre. Algunos están
con reumatismo y otros con malestar estomacal. Uno u otro
presenta enfermedad de los ojos. Los casos más graves son
de heridas (*tukuniaty*). Varios hombres se pintaron con barro
hoy al regresar de la chacra, así entraron en la aldea y luego
fueron dentro de las casas, donde cantaron. El personal de las
casas de los festejantes también ofrece sal. Tyholoceene, al
atardecer, saca de la casa donde vive Orytaka veinte cestas
de pescado y las coloca en el terreno. En cada cesta hay un
beiju de maíz. Luego ofrecen al personal. El ritual termina de
noche, alrededor de las 20:30».

El compromiso de Vicente Cañas con los Enawenê-Nawê,
tal como se refleja en su diario, es una clara muestra de su
evolución personal y su cambio de perspectiva hacia la comunidad indígena. A medida que Cañas se adentró en la vida
de los Enawenê-Nawê, no solo asumió el rol de misionero,
sino que se involucró activamente en sus luchas, prácticas y
valores. En sus escritos se observa cómo su compromiso con
la comunidad pasó de ser una misión de evangelización a convertirse en una alianza de acompañamiento y apoyo, en la que
se preocupaba profundamente por el bienestar y los derechos
de los Enawenê-Nawê.

Esto se refleja en el conflicto entre Vicente Cañas y Bartomeu Melià (también jesuita), que se menciona en varias partes del diario pero se destaca particularmente en 1981. En ese período se registran tensiones entre ambos misioneros, especialmente relacionadas con sus enfoques diferentes respecto a la evangelización y la relación con los pueblos indígenas. Mientras que Cañas defendía una integración más profunda y respetuosa con las comunidades, compartiendo su vida y respetando sus costumbres, Melià mantenía un enfoque más estructural y alejado de la cotidianidad indígena, centrado en la evangelización a través de métodos más convencionales.

Un ejemplo de esta discrepancia se observa el 10 de diciembre de 1981, cuando Vicente se refiere a un desacuerdo sobre la gestión de ciertas situaciones y las metodologías de misión. Esta diferencia de enfoques generó tensiones personales y profesionales entre ambos, lo que refleja no solo un conflicto interpersonal sino también una disputa más amplia, dentro de la misión jesuita, sobre cómo abordar la evangelización y sobre el respeto a las culturas indígenas.

10 de diciembre de 1981

«Salimos hacia los Salumã. Llevo medicamentos para tratar a los enfermos. Melià también viene. Al mediodía llegamos a la aldea. El personal juega a la pelota y realizan el ritual Yãkwá. Tres grupos están en el terreno. Se come bastante *pequi*.

Los enfermos están mejorando, excepto Kayoueta (nieto). Melià da navajas y algunos anzuelos a los indígenas.

El famoso antropólogo y doctor, señor padre Melià, SJ, introduce las *bambolês*[3] entre los Salumã, pues trae un par

---

[3] *Bambolês*: término utilizado aquí para referirse a sandalias o calzado; la introducción de este producto puede afectar a las prácticas tradicionales.

nuevo para Kauyaloceene. A partir de ahora, los indígenas insisten en que traigamos más. ¡Miren aquí el paternalismo del superior de la misión! ¿Quieren destruir a los indígenas?»[4].

Más tarde, el diario ofrece una visión crítica sobre el comportamiento de Bartomeu Melià, destacando el desdén de la comunidad hacia él debido a su actitud y a la falta de interés por los Enawenê-Nawê.

20 de diciembre de 1981 (domingo)

«Temprano cae una buena lluvia. Estos días los hombres hacen collares de *tucum*. Kayoueta (nieto) parece un esqueleto. Seguramente morirá dentro de algunos días. Los demás enfermos se están recuperando. Se juega a la pelota. La alimentación está compuesta por fruta de *pequi* y *burití*, maíz en gran cantidad y chicha de maíz. Los niños juegan mucho con pelota y *peteca*, además de otros juegos. Los cuatro que tuvieron intoxicación se están recuperando y están muy delgados. Melià no es aceptado por los Salumã y continuamente dicen que no lo traiga más. Realmente, Melià es un peso muerto. Parece que no tiene interés por los indígenas. Solo le interesa la investigación, que no dice nada, ni para los indígenas [...]. Melià anda con diarrea ya antes de llegar a la aldea y no va a defecar lejos de las casas; también lo hace en las chacras de mandioca y el personal se queja y siente asco. Hacen una pelota para jugar y todas las pelotas son bendecidas por quienes las preparan».

El 2 de mayo de 1984, el campamento de los Canoeiros (Rikbaktsa) vivió una jornada marcada por la escasez, la

---

[4] La crítica al padre Melià, SJ, refleja una preocupación por la introducción de elementos externos que pueden alterar la cultura y generar dependencia. Vicente expresa su descontento ante el paternalismo y las posibles consecuencias negativas de tales acciones en la comunidad.

frustración y el inicio de una resistencia organizada contra la autoridad del padre Balduino. Este evento puso de manifiesto las profundas divisiones y desafíos que afrontaba la comunidad en su lucha por la supervivencia y la autodeterminación. De nuevo, este conflicto muestra las diferentes maneras de acompañar a los pueblos indígenas y lo difícil que resulta el proceso de inculturación.

2 de mayo de 1984

«Visito el campamento de los Canoeiros. Cuentan que tardaron en llegar seis días, debido a problemas que tuvieron con la lancha. Mucha vegetación estaba enredada en la hélice. Debido a esta demora, la comida empezó a faltar. Hoy varios fueron a cazar, pero no encontraron nada. Como tienen hambre, llevan harina, *beiju* y maíz de los Salumãs. Piden algunos objetos como mano de mortero, arco, etc., pero no doy. Finalmente doy diez anzuelos y dos collares. Albano hace un gran desahogo sobre las actividades que tenía como caja, decidiendo salir por el autoritarismo y el monopolio de la economía del padre Balduino. Albano dice que irá a vivir al bosque y que dejará el Barranco Vermelho debido al padre y a varios problemas de caja que venía teniendo. Los Canoeiros venían con las mujeres y los niños. Cuentan sobre el ambiente de hambre que pasaron aquí y también en el tacuaral. Albano dice que, como los Canoeiros dependen económicamente solo del caucho y como la agricultura es poca, el malestar es grande, pues cuenta cómo el padre lucha con ellos y cómo monopoliza el caucho, ropa, etc., así que el padre no deja que los Canoeiros evolucionen. Cuenta que los Canoeiros están cada vez más unidos y que hay cada vez más cohesión para la lucha contra los blancos. Pescamos un poco por la tarde y luego todos vinieron a nuestro campamento y se quedaron hasta las 22. El campamento del tacuara está cerca de nuestro campamento, a unos dos kilómetros. Ivar me comunica por radio que mañana temprano quiere hablar urgentemente conmigo, pues por la mañana temprano la comunicación por radio es mejor».

El compromiso de Kiwxi se traduce en el martirio, sufrido en abril de 1987, algo sobre lo que ya escribía años antes, pues ya desde el año 1984 él y sus compañeros jesuitas eran conscientes de la posibilidad de ser asesinados.

22 de septiembre de 1984

«Thomaz llega a Cuiabá y habla con Inés, quien está esperando noticias de Juina sobre los pistoleros que quieren matarnos a todos. Balduino también alerta sobre las noticias de Juina y el peligro que existe. Tenemos que tener cuidado y no facilitar las cosas. Todas estas noticias se obtienen por un aparato de radioaficionado».

5. Conclusión

El análisis detallado del proceso de inculturación y transformación personal de Vicente Cañas, plasmado en este capítulo 4, revela una trayectoria profunda y multifacética que trasciende la mera labor misionera. A través de sus diarios se aprecia cómo la inmersión en la cultura de los Enawenê-Nawê no solo permitió a Vicente adaptarse y comprender una nueva realidad social y espiritual, sino que también catalizó una transformación interna significativa que redefinió su propia fe y perspectiva de vida. Este capítulo destaca tres ejes fundamentales: la adaptación cultural, la reflexión sobre la conversión espiritual y el compromiso transformado de Vicente con la comunidad indígena.

Desde sus primeras anotaciones, Vicente Cañas demuestra una apertura y disposición a sumergirse en las costumbres y prácticas de los Enawenê-Nawê. Su participación activa en los rituales, la pintura corporal y las actividades cotidianas, como la pesca y la recolección de mandioca, evidencian un proceso de adaptación que va más allá de la observación pasiva. Al involucrarse en estas prácticas, Vicente no solo adquirió conocimientos sobre la organización social y espiritual de la comunidad, sino que también comenzó a identificar elementos que resonaban con su propia experiencia religiosa. Este compromiso activo facilitó una comprensión más profunda y empática de la cosmovisión indígena, estableciendo puentes culturales que enriquecieron tanto a Vicente como a la comunidad anfitriona.

A medida que se adentraba en los rituales y prácticas espirituales de los Enawenê-Nawê, comenzó a experimentar una conversión interna que expandió su concepción de lo sagrado. Los rituales, como el Kateoko y el Salumã, no solo representaban prácticas religiosas para los indígenas, sino que también ofrecían a Vicente una nueva forma de entender la espiritualidad, profundamente ligada a la naturaleza y a la comunidad. Esa transformación no implicó un abandono de su fe cristiana sino una ampliación de su perspectiva espiritual, integrando elementos que enriquecieron su propia práctica religiosa.

La participación activa de Vicente en los rituales y en las actividades diarias de la comunidad fue crucial para su transformación personal. A través de experiencias como el rito de iniciación de un adolescente, la siembra en la chacra y las celebraciones colectivas, Vicente no solo adquirió un conocimiento profundo de las tradiciones indígenas, sino que también desarrolló un sentido de pertenencia y solidaridad con la comunidad. Esos momentos de convivencia íntima permitieron a Vicente experimentar de primera mano la importancia de la cohesión social y espiritual en la vida de los Enawenê-Nawê, fortaleciendo su compromiso y respeto hacia sus costumbres y creencias.

El conflicto con Bartomeu Melià refleja las tensiones inherentes a la misión jesuita en contextos culturales diversos. Las diferencias en enfoques metodológicos y filosóficos no solo generaron tensiones personales, sino que también pusieron de manifiesto las dificultades de integrar diferentes perspectivas dentro de una misma misión. La crítica de Vicente hacia Melià, basada en la percepción de su paternalismo y su falta de interés genuino por los indígenas, destaca la importancia de una aproximación respetuosa y colaborativa en el trabajo misionero. Este conflicto sirvió como catalizador para que Vicente reafirmara su propio enfoque, más orientado hacia la empatía y la reciprocidad, consolidando así su transformación personal y profesional.

Además, la historia de Vicente resalta la necesidad de políticas y prácticas misioneras que valoren y respeten las culturas indígenas, promoviendo un diálogo equitativo y colaborativo. La experiencia de inculturación y transformación personal de Vicente Cañas es un testimonio de cómo el respeto por la diversidad cultural y la apertura a nuevas formas de entender la espiritualidad pueden enriquecer tanto a individuos como a comunidades enteras.

5

Relación con el mundo exterior

1. Introducción

La vida de las comunidades indígenas como los Enawenê-Nawê transcurre en medio de un delicado equilibrio entre la riqueza de sus tradiciones y las presiones derivadas del contacto con el mundo no indígena. A lo largo de su diario, Vicente Cañas describe el encuentro con organizaciones oficiales, el choque con colonos e invasores y la constante tensión entre la necesidad de bienes externos y la firme defensa de la autonomía. En este capítulo abordaremos la compleja relación de la aldea con instituciones como la FUNAI, el CIMI y distintos agentes externos –antropólogos, topógrafos, hacendados– que, con intenciones diversas, se internan en el territorio indígena y desafían la forma de vida de un pueblo ancestral.

2. Diálogos con organizaciones externas (FUNAI, antropólogos)

Desde el año 1979, Vicente se vio inmerso en la labor de mediar entre la comunidad indígena y el equipo de la FUNAI (Fundación Nacional del Indio[1]), que realizaba estudios para la

---

[1] Organismo oficial del gobierno brasileño encargado de la protección de los derechos e intereses de los pueblos indígenas en Brasil.

delimitación de la reserva Salumã. Una de las entradas de 1981 revela que, pese a su formación profesional, los funcionarios y antropólogos mostraban escaso tacto para interactuar con los pueblos a los que pretendían «proteger». El gesto de arrojar ropa desde el aire o de llevar obsequios indiscriminadamente revela su desconocimiento de la cultura local y del impacto que dichos actos podrían tener.

1 de septiembre de 1981

«Nos preparamos para ir a la aldea y regresamos a nuestro campamento, donde acampamos con el equipo de la FUNAI. Pinheiro (topógrafo), Artur (antropólogo) y Eduardo (jefe del puesto de los Nambikwara) llevan los límites de la reserva Salumã, para que sea decretada tras realizar los estudios. También recopilan datos antropológicos. Eduardo planea retornar con un pequeño grupo de Nambikwara por el 12 de Octubre. Realmente, todos ellos son muy novatos y sin gran interés respecto al indígena.

Eduardo, sobrevolando el área Salumã, lanzó desde el aire a un grupo de Salumã que estaba en las chacras de maíz del Camararé una camisa y un par de zapatos. Los otros dos, Artur y Pinheiro, querían llevar regalos (machetes, jabones) a la aldea de los Salumã, lo cual fue desaconsejado. Los tres, al volver de la aldea al puerto, entregaron todo y llegaron sin ropa».

En ese contexto, Vicente intentaba hacer entender a los técnicos que la relación con los indígenas requería respeto y una aproximación cuidadosa. No bastaba con trazar límites legales: era necesario comprender la cosmovisión de los pueblos, su historia y su manera de integrarse con el entorno, y así evitar que la delimitación de la reserva fuera un simple formalismo, incapaz de protegerlos en la práctica.

Varios años después, la presencia de invasores en territorio indígena se mantenía. Thomaz, un jesuita colaborador, notificó la situación a la FUNAI, que respondió con un oficio exigiendo la salida de los intrusos. En paralelo, Vicente, mientras reparaba el motor de la embarcación, asumía la responsabilidad práctica de llevar y recoger los documentos oficiales. Su labor se extendía a la logística y al apoyo en la defensa territorial, pues sabía que, sin un transporte eficiente, la comunidad quedaría aún más vulnerable.

11 de abril de 1983

«Thomaz comunica a la FUNAI la invasión de la tierra. Aún no he logrado localizar al responsable de la invasión. La FUNAI envía un oficio para la retirada del personal. Comienzo a desmontar el motor de 35 caballos para verificar los anillos. De hecho, hay un anillo atascado. El anillo está en buenas condiciones. Lo limpio y comienzo a montarlo nuevamente».

Dos días más tarde, Vicente vuelve a reseñar los obstáculos para recibir el oficio de la FUNAI a tiempo. En la demora, aparece Filomeno, capataz de un hacendado empeñado en incursionar en tierra indígena. Lejos de detenerse, Filomeno busca aliados para completar su objetivo, pero se topa con el rechazo del señor Antonio, quien rehúsa prestarle ayuda. Aunque la situación refleja la desconfianza y la insistencia de los intrusos, también muestra cómo algunas personas, como el señor Antonio, optaban por proteger la integridad del área Salumã.

13 de abril de 1983

«La FUNAI envía un oficio para la retirada del personal que invadió el área. Voy hasta la desembocadura para recoger el oficio, que viene en avión. El avión no llegó. Mientras espero la llegada del avión, se presenta un tal Filomeno, capataz de Ramón Paraguayo. El señor Antonio, sabiendo del problema de la invasión del área Salumã, no coopera con el capataz y lo echa de la hacienda Juruena. Filomeno, durante unas tres horas, insistió con el señor Antonio para que lo llevara hasta el área Salumã. El señor Antonio no cooperó. Filomeno mintió todo el tiempo, intentando engañar. Filomeno se va. Acampo en la desembocadura».

Durante la segunda semana de mayo de 1985, Vicente Cañas documenta una serie de eventos cruciales relacionados con el levantamiento del área de la reserva Nambikwara.

5 de mayo de 1985 (domingo)

«Comunican desde Cuiabá por radio que el grupo que quiere realizar el levantamiento del área de los Nambikwara está descendiendo por el río 12 de Octubre y que Thomaz se comunicará con la FUNAI, cosa que ya estamos esperando. Thomaz se encuentra en Cuiabá, recuperándose de una fuerte gripe. Incluso tiene fiebre».

6 de mayo de 1985 (lunes)

«Llegan noticias por radio desde Cuiabá de que un equipo de nueve Nambikwara y tres de la FUNAI ya están descendiendo por el río 12 de Octubre y quieren encontrarse con nosotros, y dicen que descienden remando con dos botes, siendo uno de ellos con motor de popa. Dicen que también están trayendo placas para colocar en los límites de la reserva Nambikwara. Cuiabá entra en contacto con Vilhena para informarse aproximadamente de cuándo llegarán a la confluencia del río 12 de Octubre con el río Camararé. Hoy aún no he logrado contactar con Vilhena».

7 de mayo de 1985 (martes)

«Se confirma que el equipo estará el jueves en la confluencia del río 12 de Octubre con el río Camararé. Dicho equipo posee un aparato de radioaficionado portátil. Cuiabá intenta contactar con Vilhena para tener más claridad respecto al objetivo de dicho equipo. Comunican desde Vilhena que no se puede contactar con el equipo por radio».

8 de mayo de 1985 (miércoles)

«Cuiabá intenta contactar con Vilhena, con la FUNAI; como todos los días, no logran comunicarse con la FUNAI de Vilhena durante el día. Mañana jueves, como dijeron, iré al encuentro del equipo hasta el río 12 de Octubre. Sin embargo, parece que la fecha está fijada al azar, medio adivinada, pues es posible que la gente no llegue. No hay certeza, ya que descendieron el río 12 de Octubre desde las cabeceras hasta la confluencia con el río Camararé. Pueden aparecer muchos obstáculos y basura en el río, etc. Y con eso, el día marcado puede fallar. El lunes, martes y miércoles, Cuiabá intenta entablar contacto con Vilhena y no lo logran concretamente. Ivar y Thomaz son los que intentan contactar desde Cuiabá. El delegado de la FUNAI de Vilhena informa de que el equipo ya está descendiendo el río».

9 de mayo de 1985 (jueves)

«Ayer por la tarde llegamos a la confluencia del río 12 de Octubre con el río Camararé. A las 10 llegó la gente de la FUNAI. Se comunicaron con la FUNAI de Vilhena. De hecho, ayer un avión de la FUNAI localizó al personal descendiendo por el río. Llegó un billete y humo. El billete contenía el mensaje de que estaban en la confluencia del río 12 de Octubre con el río Camararé. El equipo está compuesto por 9 Nambikwara y tres de la FUNAI. Quieren subir el Juruena hasta la línea telegráfica para colocar las placas, descendiendo luego hasta Fontanillas. Después descienden realizando la vereda ya iniciada. La vereda fue comenzada en la reserva Nambikwara y pretenden descender cerrando los laterales.

Descendimos hasta nuestro campamento con dos personas de la FUNAI para enviar un mensaje a Vilhena comunicando que todo está yendo bien, ya que la batería que alimenta la radio de la FUNAI no tiene carga».

10 de mayo de 1985 (viernes)

«Cuiabá transmite un mensaje a Vilhena. La respuesta se transmite a las 8: todo bien. Subimos hasta la confluencia del río Camararé con el río Juruena y encontramos al personal que venía detrás de nosotros. El personal acampa y permanece todo el día descansando. Nos quedamos hasta la tarde con el grupo de Nambikwara y la FUNAI. Los Nambikwara están entusiasmados con sus tierras y con la colocación de las placas. Se alegran al saber que los Enawenê-Nawê controlan el área Nambikwara, en el lugar donde limita con los Enawenê-Nawê. Y dicen que indígena con indígena no hay problema. Los Nambikwara se muestran muy contentos, tanto ancianos como jóvenes. En la expedición hay un chamán y un capitán. Desean mucho encontrarse con los Enawenê-Nawê. Envían varios *xiris* de diferentes tipos a los Enawenê-Nawê. El equipo de la FUNAI llegará hasta la línea telegráfica por el Juruena y colocará una en el límite con los Enawenê-Nawê, en la margen derecha del río Juruena, en el arroyo de la Piedra de Fuego. También subirán un pequeño tramo del río Juina, hasta una cascada donde ya no se puede pasar, y colocarán placas. Por la tarde llegamos a nuestro campamento, pasamos el tiempo esperando encontrarnos con Thomaz el martes en la confluencia del río Papagaio y el río Juruena».

Esa semana fue determinante para la consolidación de los límites de la reserva Nambikwara. A pesar de los desafíos en la comunicación y las condiciones adversas del río, la colaboración entre los Nambikwara, la FUNAI y los coordinadores como Vicente Cañas permitió avances significativos en la protección de los territorios indígenas.

Las incursiones ilegales en tierra indígena se dieron a menudo en el año 1984. Los Enawenê-Nawê, cansados de la situación, estaban dispuestos a recurrir a la violencia. Es en este contexto donde vemos que se muestran necesarias la intervención y mediación de los jesuitas y de la OPAN (Operación Amazonía Nativa)[2], así como la presencia del delegado de la FUNAI.

5 de agosto de 1984

«Temprano pescan y vuelven al atardecer con bastante pescado. Cuando vuelven de la pesca, el personal que había ido a la vereda regresa y es una fiesta. *Oita imuti amokotenê* [Todo el mundo conversa contando lo sucedido]. Saquearon al personal de la vereda y trajeron todo lo que pudieron. Dicen que vieron muchas veredas por el lado del arroyo Kawiãre, Anaceuinã y otro que corta el río Olouinã.

Durante la noche, la gente cuenta y recuenta lo sucedido. Cogieron tres armas de fuego (un revólver del calibre 38, una escopeta de dos cañones del calibre 16 y otra del calibre 36), ropa, redes, plásticos, linternas, azúcar, frijoles, etc. El personal que fue a ver las veredas se dividió en dos grupos. Uno fue río Olouinã arriba, vieron una vereda, encontraron el campamento y saquearon. Los *picadeiros*[3] aún no habían llegado de la vereda. Los Enawenê-Nawê regresaron –eran tres hombres– y encontraron al resto del personal. El otro grupo fue a la vereda que vieron en el Juruena. El grupo se dividió en varios pequeños equipos y logró encontrar a los *picadeiros*. Primero encontraron solo a un hombre en el campamento y luego vinieron

---

[2] La OPAN, fundada en 1966 como la primera organización que trabajaba por los derechos de los indígenas en Brasil, tiene como misión: fortalecer el protagonismo indígena en el escenario regional, valorando su cultura y sus modos de organización social, mediante la mejora de las prácticas de gestión de sus territorios y recursos naturales, con autonomía y de forma sostenible.

[3] Encargados de abrir las veredas o *picadas* a través de la selva.

otros tres. Los Enawenê-Nawê ofrecieron miel a los *picadeiros* y conversaron sobre la tierra. Los Enawenê-Nawê regresaron por las veredas que salen al río Juruena, subieron el Juruena y llegaron al puerto, donde dejaron las canoas».

11 de agosto de 1984

«Bajamos hasta la barra del Papagaio con el Juruena, ya que el delegado de la FUNAI iba a llegar, acompañado de una comitiva de cuatro personas. En la comitiva había dos delegados federales, João Garimpeiro (de los Paresí) y el jefe del puesto indígena Santana (de los Bakairi). Realizan los esclarecimientos y la impresión es que el delegado está más interesado en la tierra de los indígenas que en los hechos ocurridos. La conversación fue relajada. El delegado estaba atento a los límites de la tierra y mostraba miedo de que hubiera muerto algún indígena. Dio una buena impresión en la defensa de las tierras y dijo que hará todo lo posible para decretar y marcar el territorio aún este año. El delegado, después de obtener todos los esclarecimientos necesarios, dijo que en unos días vendría un equipo de la SEMA[4], INCRA[5] y FUNAI para resolver el problema de las tierras. El delegado también quiso saber si el equipo no corría peligro de muerte, ya que ellos no querían venir por miedo a los indígenas. A las 16, el delegado y su equipo se fueron a Vilhena. La conversación duró alrededor de dos horas. La comitiva vino en avión».

12 de agosto de 1984

«Regreso a nuestro campamento. Thomaz va para los Myky. Ivar, de OPAN, hizo un gran trabajo de apoyo para los Enawenê-Nawê en Cuiabá en la televisión, en los periódicos y en la radio».

---

[4]   Secretaría de Medio Ambiente e Infraestructura.
[5]   Instituto Nacional de Colonización y Reforma Agraria.

En estos episodios emerge la complejidad de la defensa territorial: oficios, vuelos cancelados, capataces engañosos, aliados inesperados. Vicente se posiciona como un puente entre la burocracia oficial y las urgencias cotidianas de la comunidad, evidenciando la fragilidad de los procesos de titulación y el enorme esfuerzo que supone convertir un decreto en una salvaguarda real para los pueblos indígenas.

En el diario de Vicente Cañas, el diálogo con las organizaciones externas, como la FUNAI, antropólogos y otras instituciones, es un tema recurrente que revela las tensiones y los desafíos a los que se enfrentó al intentar equilibrar su compromiso con los Enawenê-Nawê y su rol dentro del sistema externo. A lo largo de las entradas, se percibe cómo Vicente, aunque forma parte de la estructura misionera, no se limita a ser un mediador pasivo, sino que, en muchos casos, se convierte en un abogado activo de los derechos y la autonomía de la comunidad indígena.

A través de sus interacciones con la FUNAI, Vicente intenta lograr que la organización comprenda las necesidades y demandas de los Enawenê-Nawê, buscando protección para sus tierras y apoyando sus derechos frente a los intereses externos, como la expansión agrícola o la explotación de recursos naturales. Sin embargo, las relaciones con la FUNAI no siempre fueron sencillas. En algunos casos, Vicente se encontró con una burocracia lenta y una falta de comprensión por parte de las autoridades, lo que llevó a frustraciones y a la necesidad de hacer constantes gestiones para asegurar el bienestar de los Enawenê-Nawê.

3.   Reflexión sobre la tensión entre tradición y modernidad

Al despedirse de 1980, Vicente Cañas plasmó en su diario el cansancio físico y emocional que suponía convivir de manera tan intensa con los Enawenê-Nawê. Sin embargo, destacó la riqueza de una misión que iba más allá de la evangelización y que requería un diálogo intercultural constante. En las páginas finales de ese año se aprecia cómo el hermano jesuita comprendió que los desafíos de la comunidad –presiones externas, enfermedades, escasez de recursos– eran inseparables de la fortaleza de sus rituales, su trabajo colectivo y su espiritualidad arraigada.

El equilibrio entre cambio y tradición se volvió un tema crucial: la comunidad no quería renunciar a sus danzas ni a su forma de vida, pero tampoco podía cerrarse a la medicina occidental o a las herramientas que garantizaban cierta protección. El año 1980 se convirtió en un punto de inflexión en la experiencia de Vicente, que salió reforzado en su fe y en la convicción de la necesidad de seguir acompañando a los indígenas en la defensa de su cultura.

Las jornadas de Vicente se repartían entre rituales ancestrales –como la repartición de *ketera*– y la gestión de problemas de salud, señalando cuán urgente era un equilibrio entre lo tradicional y lo moderno. La llegada de Tere y otros miembros del CIMI planteaba también la incorporación de agentes externos a las dinámicas de la comunidad, ya fuera para aportar medicinas o para mediar en conflictos de tierra. Aun así, la autonomía de la comunidad seguía siendo el eje central de sus preocupaciones.

24 de junio de 1981

«A la 1:30 se reparte el *ketera*. Todos los hombres van al terreno para recibir el *ketera*. Luego, regresan cada uno a su casa y continúan durmiendo. Al amanecer, toda la aldea está en silencio. A las 2:15 se comienza a hablar aquí y allá. Inmediatamente, una gran parte de los hombres van a pescar. Unos se quedarán pescando durante dos o tres días, otros volverán por la tarde.

Me voy para recibir noticias de Tere. Había acordado comunicarse conmigo por radio el día 24 o 25, para saber cuándo vendría a los Salumã. Llego a mi campamento al mediodía. Bajé remando para atrapar algunos peces para comer. Los Salumã me dieron bastante *beiju*. Kayryhy, un niño de unos 10 a 12 años, está enfermo desde hace ya 20 días. Tiene dolor en las rodillas y en el pecho, y su figura es esquelética. Ayer le vi una enorme inflamación en el brazo derecho. El tratamiento que venía haciendo era de penicilina en comprimidos y antipiréticos, pues presentaba fiebre de 37,5 a 38 grados. También muestra una gran anemia. Este niño es huérfano. Tiene un hermano de sangre casado, que se llama Daduyare. Me da la impresión de que no tiene mucho alimento, o puede ser descuido en el comer.

Tere se comunica por radio a las 18:30 y da la noticia de que vendrá con el personal que viene de la reunión del CIMI, es decir, aprovechando el viaje con Balduino, junto con Thomaz, hasta el Escondido».

Para Vicente, la comunidad encarnaba la resiliencia de quienes sostienen un modo de vida antiguo pese a la creciente presión externa. La construcción de canoas, la *tapiragem* de plumas y la recolección de miel se realizaban en paralelo a la vigilancia constante frente a posibles invasores. Así, la «modernidad» se filtraba en forma de motores de lancha, medicinas y noticias de avioneta, pero no eclipsaba el sentido comunitario ni la férrea defensa de la tierra.

29 de agosto de 1983

«El personal va a recolectar miel al amanecer. Regresan por la tarde con bastante miel. Kaualy recogió fruto de *bacaba*. Ualytere (sacerdote) y sus dos yernos fueron ayer monte adentro para ver si encontraban nidos con crías de papagayo del monte, pues este es mayor y mejor para realizar la *tapiragem*, es decir, el tratamiento de las plumas. Llegaron hoy. Vieron varios nidos y también recogieron miel. Kayokace trabaja en la construcción de su canoa. Está casi lista. Se utiliza timbó. Yalauyanaceatokue terminó de hacer las casas. El personal vio fuego de noche en dirección a las cabeceras del río Juina y el río Preto. Los comentarios fueron muchos y mostraban la determinación de impedir la invasión de su territorio por los "civilizados"».

La bitácora de 1980-1983 refleja, pues, el cambio progresivo de la comunidad, que va asumiendo ciertas prácticas externas sin perder su identidad. Vicente, como observador y partícipe, registró la tensión entre quienes abogaban por resistir toda influencia exterior y quienes abrían la puerta a beneficios foráneos. Él mismo colaboró en la atención médica y la gestión de documentos legales, convencido de que el futuro de los Enawenê-Nawê dependería de su capacidad de adaptarse sin perder la esencia.

Las tensiones entre tradición y modernidad que Vicente Cañas señala a lo largo de su diario reflejan su conflicto interno y su adaptación a un entorno que cambia constantemente. Como misionero, Vicente se encuentra atrapado entre su formación cristiana y la cosmovisión indígena, que observa y respeta profundamente. Por un lado, su rol como representante de la Iglesia católica lo coloca dentro de una estructura que a menudo intenta imponer valores modernos y occidentales; por otro, su creciente conexión con los Enawenê-Nawê lo lleva a apreciar y defender las tradiciones y creencias indígenas.

4.   Amenazas a la autonomía y los derechos indígenas

Vicente documenta el peso de una historia de desplazamientos forzosos, causados por la violencia de otros grupos indígenas

–como los Cinta Larga– o por la incursión de hacendados y colonos. El hecho de que los hombres siguieran portando arco y flecha a diario muestra cómo las heridas del pasado seguían latentes. Aun así, la construcción de canoas y la búsqueda de asentamientos con «tierra buena» para plantar hablaban también de la determinación de reconstruir y proteger el hogar.

9 de diciembre de 1982

«A las 5 comienza el movimiento. Los hombres hacen canoas. Otros van a ver el *mataxi* y a pescar, y las mujeres van a buscar maíz para comer. El maíz se come asado, se hace chicha. Triturado y envuelto en hojas, es asado en la ceniza. También mezclan pescado junto con el maíz asado en la ceniza. Se come fruto de *burití* y *pacova*. Las casas hechas son grandes. La materia prima de la construcción es hoja de palmito, pues dicen que, cuando vivían allí, la paja utilizada era de palmito, pues hay mucha. Este tipo de paja dispensa del uso de ripias, pues se amarra desde abajo hacia arriba con fibras. Tiene una estética más lograda que la de *burití*.

A las 13 el personal ya está en las casas y disfruta de una hamaca. En el terreno, al atardecer, los Enawenê-Nawê cuentan los conflictos que tuvieron con los Cinta Larga. Estos atacaron a los Enawenê-Nawê en cinco aldeas en diferentes lugares, y estaban siempre huyendo de los Cinta Larga. El último ataque se dio aquí y, por eso, decidieron irse muy lejos, es decir, a las cabeceras del río Primavera. El personal está muy contento por estar aquí. Dicen que aquí hay mucha tierra buena para plantar. En estos días se habla constantemente de los Cinta Larga y del lugar, que es muy bueno para vivir. Los hombres aún están con miedo y, por eso, siempre andan con el arco y flecha en la mano y, cuando salen fuera de la aldea, siempre los llevan».

La reiteración de las invasiones subraya la fragilidad de los derechos indígenas, aun con el respaldo legal de la FUNAI.

Vicente, al vivirlo en primera persona, comprendía que la mera emisión de oficios no garantizaba la solución: la vigilancia y la movilización de la comunidad eran indispensables para impedir el avance de los intrusos.

A principios de octubre, Vicente describe cómo la comunidad oscilaba entre la atracción por bienes externos (como castañas o herramientas) y la conciencia de que ese contacto podía acarrear peligros. La referencia a la reparación del motor, vital para el transporte y la comunicación, enfatiza el grado de dependencia que la comunidad había adquirido en ciertos aspectos, sin dejar de lado su voluntad de salvaguardar la autonomía.

5 de octubre de 1983

«Los hombres amanecen alegres y se invitan unos a otros para ir a buscar castañas. Parece que la intención de fondo es realmente ver a los "civilizados" para obtener objetos, y están ansiosos. Van todos los hombres y dos mujeres ancianas, y dos niños de unos diez años. Van con dos canoas.

Me quedo en nuestro campamento y mañana iré a buscar combustible. Hasta que regresen los hombres, me quedaré en nuestro campamento, pescando para llevar pescado. Voy a buscar cañas para que los Myky hagan flautas, o, mejor dicho, voy a mostrar a los Myky dónde pueden encontrarlas, donde los Enawenê-Nawê las recolectan.

El motor Mercury de cincuenta caballos vino de Cuiabá y pierde presión por el retén del rodamiento superior, daño hecho en Cuiabá. Lo pegué con Durepox, pero no solucionó el problema. Paso el día intentando sellarlo. Lo desarmo y cambio una goma. El motor de cincuenta caballos no arranca».

Estos acontecimientos muestran un escenario permanente de amenazas a la libertad de los Enawenê-Nawê: conflictos con otros pueblos, invasiones de «civilizados» y la tentación de la modernidad. Aun así, Vicente constató que la comunidad respondía con firmeza y organización, combinando la pericia ancestral –cazar, pescar, recolectar– con la adopción de medidas jurídicas y aliándose con misioneros y funcionarios que mostraban verdadero compromiso.

El año 1987, descrito en el diario del hermano jesuita Vicente Cañas, está marcado por la continuación de sus actividades con el pueblo Enawenê-Nawê, centradas en la pesca, los rituales y las labores cotidianas. Ese año culmina con su martirio, en un contexto de amenazas crecientes relacionadas con conflictos territoriales y tensiones con grupos externos que invadían las tierras indígenas.

A lo largo de su diario, Vicente documenta con detalle las interacciones cotidianas con la comunidad, los preparativos y celebraciones rituales, así como las dificultades afrontadas por los indígenas debido a las enfermedades y las amenazas externas. Su compromiso con la protección del pueblo Enawenê-Nawê y la denuncia de las injusticias se entrelazan con su vida espiritual, hasta su asesinato hacia el 6 de abril de 1987, un hecho que subraya la violencia sufrida por quienes defienden los derechos de las comunidades indígenas en Brasil.

El diario refleja la profunda conexión de Vicente con el pueblo, evidenciando su dedicación y los desafíos a los que se enfrentó como misionero y defensor de los derechos indígenas. En la última entrada de su diario dice que irá a pasar unos días a su barracón. Pero es ahí, en su barracón, donde Vicente Cañas, Kiwxi, será asesinado con una puñalada en el costado y un golpe de *borduna* en el cráneo.

24 de marzo de 1987 (martes)

«A las 6 voy a Olouinã, donde está el otro grupo. Llego hasta el camino que sale hacia el río 12 de Octubre, que viene de la aldea, pues se acordó que los festejantes vendrían para saber noticias del grupo del río Mutum. Los festejantes aparecen justo después de mi llegada. Dicen que de madrugada nació la hija de Kokore (Salumã). Los festejantes venían con toda la prisa para comer pescado y, sobre todo, *farofa* (*inaxi*), y fue una risa cuando vieron que no había nada de *inaxi* y nada de pescado en la presa del río Mutum. Dijeron que ya comenzó el ritual Alakototi, es decir, los festejantes haciendo sus cantos y danzas. Comenzaron a limpiar el camino hasta el puerto, a donde llegarán los pescadores. A mitad del camino hacen unas coberturas y colocan ollas de chicha (*oleniti*) con las flautas de los próximos rituales. A las 11 llego al puerto de Olouinã. Es en el río Camararé, donde está el camino que va al río Olouinã, en el que está la presa. La gente pregunta por los familiares. Dan noticias de que ayer y hoy temprano hubo bastante pescado, es decir, cayeron muchos *piaus* en las trampas (*matá*). Los familiares enviaron más *beiju* y *makalahy*; también papas, maíz, ñame y arruruz. Voy hasta nuestro campamento, llegando al mediodía. Me quedaré algunos días poniendo orden en el campamento, trayendo algo de combustible y arreglando el piso de la Marajó [barco]. Esta madera aún tiene que ser traída de Brasnorte».

5.   Trabajo en colaboración

En su misión entre los Enawenê-Nawê, Vicente Cañas nunca estuvo solo. Su labor contó con el apoyo de una red de colaboradores profundamente comprometidos con la defensa de los pueblos indígenas. Entre ellos destacaron Tere, Balduino y Thomaz Lisboa, quienes compartían con Vicente no solo la dedicación al acompañamiento de estas comunidades sino también una visión inspirada en la inculturación y el respeto mutuo. Tere vivió durante un tiempo en la aldea junto a Vicente, integrándose en la vida de los Enawenê-Nawê. Por su parte, Balduino y Thomaz Lisboa, también jesuitas, trabajaron incansablemente en favor de los derechos de los pueblos indígenas y aportaron su experiencia en diversas misiones.

El 25 y 26 de octubre de 1979, Tere desempeñó un papel activo en tareas de pesca y recolección de miel, integrándose en la dinámica cotidiana de la comunidad. Vicente relata en su diario:

«Temprano voy a buscar a Tere y nos acompañan cinco Salumã. Al llegar, nos informan de que murió una mujer, esposa de Ualytere. Kaualy llora por ella, pues es su hija según el parentesco. Regresando con Tere, vemos las rozas de maíz, que ya tienen espigas. A las 15 llegamos a los campamentos y Tere se va con los demás. Kaualy llora nuevamente, también al amanecer».

Más adelante, entre el 20 y el 23 de febrero de 1982, Tere organizó su salida definitiva de la comunidad con el apoyo de Vicente. Este momento dejó una huella profunda entre los Salumã, quienes valoraban su presencia y cuidado:

«Voy hasta el Olouinã para quedarme en la barrera con el personal. Las trampas ya están todas dentro del agua. Las pusieron anteayer. Hasta ahora solo se han capturado unos quince a veinte pececitos. Quien tiene los peces asados es Orytaka. Aún no han sido comidos, pues los primeros son para el Yakairiti Ehola.

Al mediodía se revisan las trampas. No hay peces. Hubo una crecida y la barrera está a punto de romperse en el centro. El personal da la alarma y todos salen de la barrera y comienzan a quitar las hojas para que la barrera no quede represada. Inmediatamente se traen más palos para reforzar la barrera.

Se encuentran dos pacús en las trampas por la tarde. Les digo que Tere no va a volver, etc., etc. Los Salumã sienten mucho la salida de Tere. Dicen que traiga otra mujer que se quede en la aldea y no salga mucho. Los Salumã dicen que es bueno que siempre haya alguien en la aldea para atender la salud de los niños. Llueve mucho de noche».

Balduino, otro jesuita comprometido con los pueblos indígenas, ofreció asistencia técnica crucial en momentos clave. El 23 de julio de 1982, Vicente narra cómo Balduino trabajó en la reparación de un motor esencial para las actividades logísticas:

«Balduino revisa el motor y realiza varias pruebas. El motor no arranca. La caja electrónica está bien, pues fue probada en el motor de Balduino, tanto la nueva como la vieja, ya que no había la falla que el mecánico mencionó. Subimos hasta el Escondido, donde acampamos».

Thomaz Lisboa, también jesuita, destacó por su compromiso con la justicia social y los derechos de los pueblos indígenas. El 15 y 16 de octubre de 1983, Thomaz participó en discusiones sobre la masacre del paralelo 11 y visitó a los Enawenê-Nawê, como se recoge en el diario de Vicente:

«Pasé casi todo el día de ayer con los Myky. Vovô se recupera bien de una grave intoxicación. Los Myky están construyendo una casa de madera con la ayuda de dos carpinteros, y otro está por llegar. Celso, con su esposa e hijos, está con los Myky. Dicen que se quedará viviendo con los Myky con su esposa e hijos. Los Myky están contentos, pues están haciendo una casa diferente. Pura ilusión querer o pensar que serán civilizados. Volvemos por la tarde a la desembocadura del Juruena en el Papagaio para encontrarnos con Thomaz y Balduino y con Zelito y su hija, que quieren conversar con Thomaz y Adalberto sobre una película que quieren hacer de la masacre del paralelo 11. Acampamos en la desembocadura».

Finalmente, el 25 de octubre de 1979, Ivar y Ane ofrecieron un apoyo logístico fundamental para la misión. Vicente escribió sobre su ayuda durante un período crítico:

«Se pesca y se recolecta miel. Llegan cuatro familias que habían quedado en el Camararé: Xynare, Makakoyarene, Xynaua y Yunare. Se obtiene mucha miel. Los enfermos mejoran notablemente. Voy a mi campamento y encuentro a Thomaz, Ivar y Ane, que venían a buscar a Tere. Acordamos que regresaré mañana con ella».

La misión de Vicente Cañas fue sostenida por esta red de colaboradores, cuya dedicación permitió afrontar desafíos complejos y garantizar el bienestar de los Enawenê-Nawê. Tere, Balduino, Thomaz Lisboa y otros aliados representaron el compromiso del acompañamiento respetuoso y la defensa de la dignidad de los pueblos indígenas, marcando un ejemplo de entrega en favor de la justicia y la paz.

6. Conclusión

El presente capítulo ilustra hasta qué punto la relación entre las comunidades indígenas y el mundo exterior es polifacética y dinámica, marcada por desafíos constantes y oportunidades de colaboración. La experiencia de Vicente Cañas con los Enawenê-Nawê ofrece valiosas lecciones sobre la importancia de la empatía, el respeto cultural y la colaboración efectiva en la defensa de los derechos y la autonomía indígenas.

Una de las principales conclusiones es que las instituciones externas, como la FUNAI, deben adoptar enfoques más sensibles y culturalmente informados para interactuar con las comunidades indígenas. La mera implementación de políticas y decretos legales no es suficiente; es esencial construir relaciones de confianza y entendimiento mutuos. Vicente demuestra que la mediación efectiva requiere no solo habilidades técnicas sino también una profunda comprensión y respeto por la cultura y las tradiciones indígenas.

Además, el equilibrio entre tradición y modernidad emerge como una necesidad imperativa. Las comunidades indígenas pueden beneficiarse de las innovaciones externas sin comprometer su identidad cultural, siempre que estas incorporaciones se realicen de manera respetuosa y complementaria. Este enfoque no solo fortalece la capacidad de adaptación de la comunidad, sino que también asegura la preservación de sus valores y prácticas ancestrales.

Finalmente, el trabajo en colaboración con aliados comprometidos es fundamental para la defensa efectiva de los derechos indígenas. La solidaridad y el apoyo mutuo demostrados por Vicente y sus colaboradores son pilares esenciales para hacer frente a las amenazas externas y promover un futuro sostenible y respetuoso para las comunidades indígenas.

En conclusión, el capítulo que aquí termina no solo documenta las luchas y desafíos afrontados por los Enawenê-Nawê, sino que también resalta la importancia de enfoques empáticos y colaborativos en la interacción con las comunidades indígenas. La historia de Vicente Cañas y su compromiso con los Enawenê-Nawê es un ejemplo inspirador de cómo la comprensión intercultural y la solidaridad pueden contribuir significativamente a la preservación y fortalecimiento de las culturas originarias en un mundo en constante cambio.

6

La riqueza de los diarios de Vicente Cañas

La documentación que Vicente Cañas dejó en sus diarios –que abarca desde 1977 hasta 1987– es un recurso invaluable para comprender la vida cotidiana, la riqueza ritual y los desafíos sociales de la comunidad Enawenê-Nawê (y, en sentido amplio, de otros pueblos indígenas de la Amazonía). Para fundamentar esta afirmación, abordaremos de nuevo, de manera holística, temas que se han ido desgranando a lo largo de los capítulos anteriores: las actividades cotidianas, la organización social, la espiritualidad y los desafíos sanitarios, territoriales y culturales que se entrelazan en el horizonte de los Enawenê-Nawê. Asimismo, examinaremos el rol que desempeñó Vicente en este tejido humano, su transformación personal y la forma en que su labor de misionero y etnógrafo nos permite atisbar con gran detalle una experiencia de convivencia intercultural.

1. El latido de la vida cotidiana

Los diarios dan cuenta de un pulso comunitario que arranca antes de que despunte la aurora y se prolonga hasta bien entrada la noche. El canto de las flautas, la recolección de miel, la pesca y el trabajo en la roza o en la chacra configuran un calendario donde cada faena se halla marcada por la solidaridad y la participación de todos. Vicente describe, por ejemplo, jornadas en las que, desde las dos de la madrugada, la música y la danza no cesan, y en que los peces capturados de madrugada son compartidos de manera comunitaria hasta la noche. Este modo de organizar el día revela varias cosas:

a) Una lógica de reciprocidad: la pesca, la recolección y la siembra no se piensan como tareas individuales sino como esfuerzos que se deben devolver al colectivo. El alimento, en este sentido, se redistribuye para que todos reciban su porción, y la danza y la música funcionan como ejes de cohesión que recuerdan que el grupo es más que la suma de sus partes. Este *ethos* de reciprocidad también se ve reflejado en prácticas como la «ofrenda de chicha», en la que quien tiene algo que ofrecer lo reparte sin reservas, obteniendo, a su vez, la garantía de que, cuando él lo necesite, otro se lo brindará.

b) La articulación de lo festivo con lo productivo: lejos de separar el «trabajo» de la «celebración», los Enawenê-Nawê configuran un continuo en el que, tras horas de danza, parten al río a pescar o al campo a sembrar, sin que ello implique una ruptura drástica de la atmósfera colectiva. Cuando regresan, retoman la música o comparten la leña cortada, fusionando faena y alegría. Vicente, inicialmente sorprendido, anota que, incluso con fiebre o cuando surgen imprevistos como la falta de combustible en el motor, la vida comunitaria se mantiene en un ritmo constante de cooperación y ayuda mutua.

c) Roles y flexibilidad: en diversos apuntes se ve cómo hombres, mujeres y niños asumen tareas según sus capacidades y la situación del momento. Unos salen a pescar, otros cuidan la chacra o fabrican collares. Aunque existen roles diferenciados por edad y género, hay también una notable flexibilidad: mujeres que pueden acompañar la pesca, hombres que ayudan en la construcción de trampas para cazar avispas o recolectar miel, niños que juegan a la pelota mientras participan ocasionalmente en labores sencillas. Esta interrelación refuerza la idea de que la comunidad se sostiene en la adaptabilidad y el apoyo recíproco.

Por todo ello, se concluye que la cotidianidad Enawenê-Nawê no es sino una constante reafirmación del colectivo, en que cada día se inicia al son de flautas y concluye con el rumor del fuego y la danza, forjando una fortaleza comunitaria imprescindible para resistir las presiones externas que se perfilan en los diarios de Vicente.

2. Relaciones interpersonales y ceremonias de transición

Si la vida diaria nos permite ver la relevancia de la reciprocidad, las ceremonias específicas, tanto de pasaje como de construcción de la identidad grupal, refuerzan los lazos sociales y definen los roles en la aldea. Vicente ofrece descripciones pormenorizadas de ritos de iniciación, como aquel del 11 de julio de 1977 en el que un joven es conducido a la casa de las flautas para ser pintado y vestido con penacho y paja peniana; a lo largo del ritual se perciben momentos de tensión (gritos, golpear el cuerpo con hojas de palma, etc.).

En estos rituales de transición, la comunidad pone en escena diversos elementos:

a) El poder simbólico de la música y la pintura corporal: tanto la flauta de cinco tubos como el canto grupal, los penachos y el urucú delinean el paso de un estado social a otro (en el caso de los jóvenes que pasan a la edad adulta) o la finalización de un gran ciclo productivo (como en la siembra de mandioca). La música y la pintura no son meros adornos sino canales que expresan el estatus y la responsabilidad adquirida.

b) La integración de los niños: aunque haya niños con fiebre o con parásitos, Vicente menciona a menudo cómo los pequeños no quedan excluidos de la vida ritual. Participan en danzas, juegan, acompañan a sus padres, y así se empapan desde temprana edad de los valores y la cosmovisión del grupo.

c) La importancia de los chamanes y líderes rituales: personajes como Atayna o Kayoko tienen un papel central en la conducción de los ritos. Se encargan de dirigir los cantos, de «encender el fuego» simbólico y de guiar al resto en las ofrendas. A la vez, la comunidad respeta a estos líderes y les consulta en asuntos tanto espirituales como prácticos.

Desde el punto de vista antropológico, estos rituales personifican la «fabricación» de la persona dentro de la cultura Enawenê-Nawê, ya que no basta nacer en la aldea: la participación ritual, la adopción de estuches penianos en los varones, los collares y adornos en las mujeres y las danzas conjuntas conforman la base de la identidad. Vicente, al interiorizar estos significados, relata con asombro cómo la seriedad del joven contrasta con la alegría del resto, subrayando la importancia de ese momento de pasaje.

3.   Conexión con la naturaleza y los ritmos estacionales

Un factor esencial en el testimonio de Vicente es la íntima fusión de la vida social y espiritual con la naturaleza. La Amazonía, con sus ríos, la abundante vegetación, la miel, las lluvias torrenciales y las sequías intermitentes, es protagonista de los diarios. Señalamos algunos ejemplos concretos:

a) Uso del timbó y adaptación ecológica: en varios apuntes (por ejemplo, el 13 de septiembre de 1983) se describe el uso del timbó para pescar, una técnica que aprovecha la toxicidad natural de esa sustancia para aturdir a los peces, facilitando su captura en lagunas con poca agua.

Esto pone de manifiesto una estrategia indígena sofisticada, pero también la preocupación de Vicente cuando la sequía obliga a intensificar ese procedimiento, generando la muerte de muchos peces. De nuevo, la naturaleza y sus ciclos (falta de lluvias, disminución del caudal) condicionan las prácticas económicas y devocionales (los rituales pueden intensificarse en busca de la ansiada agua).

b) Rituales asociados a la pesca, la miel y la siembra: Vicente observa que prácticamente no hay actividad «profana» en la cosmovisión Enawenê-Nawê. Recoger miel al amanecer o extraer varillas de *burití* para las trampas se entrelaza con oraciones, danzas y la invocación de fuerzas protectoras. El fuego, ya sea para ahuyentar abejas o para iluminar la aldea, es parte de un mismo universo simbólico.

c) Las estaciones climáticas y su impacto: en algunos años, la sequía exige un uso mayor del timbó, mientras que en otros la lluvia repentina obliga a suspender parcial o completamente el ritual, reacomodando a la gente en un refugio improvisado. Vicente, desde su perspectiva, subraya la flexibilidad de la comunidad al reorganizar sus ceremonias según las condiciones atmosféricas. Esta plasticidad cultural hace que nada «rompa» el ciclo festivo sino que se adapte, fortaleciendo la sensación de comunión con las fuerzas naturales.

En definitiva, la existencia Enawenê-Nawê se desenvuelve en una escucha permanente del entorno: los ríos, los frutos, la fauna y el clima condicionan gran parte de la organización temporal y simbólica, sin llegar a «determinar» la esencia de la cultura, que a la vez sabe responder creativamente a cada reto.

4. Desafíos sanitarios y sociales

Los apuntes de Vicente no se reducen a un retrato idílico de la vida en la selva; revelan, por el contrario, numerosas complicaciones de salud (epidemias intestinales, malaria, afecciones cutáneas, parásitos) y tensiones con otros grupos (como los Cinta Larga, hacendados invasores o peones mal informados). ¿Cómo reacciona la comunidad ante estas amenazas?

a) Las epidemias y la frágil frontera con la muerte: los registros desde 1977 hasta 1987 ponen de manifiesto el surgimiento de infecciones intestinales que se propagan con rapidez. Niños y adultos presentan disentería, fiebre y dolor. Aun así, la pesca y la cosecha del maíz no pueden detenerse. La gente afronta la enfermedad con remedios básicos, colaborando entre sí para repartir alimentos a los más débiles. Vicente, con sus limitados recursos médicos (penicilina, analgésicos), trata de paliar los síntomas, pero las condiciones de higiene y la dificultad para acceder a atención especializada hacen que el riesgo sea elevado.

b) Conflictos con pueblos o actores externos: destacan las agresiones históricas de los Cinta Larga, que forzaron a los Enawenê-Nawê a desplazarse y refugiarse en otros territorios, y las invasiones de terratenientes o peones (en ocasiones engañados y sin saber que trabajaban en tierra indígena). La intervención de la FUNAI, la mediación de misioneros como Thomaz y el carácter firme de algunos líderes indígenas surgen como ayudas para desalojar a los intrusos. No obstante, Vicente percibe la recurrencia de estas presiones, ya que el valor de la tierra y de sus recursos despierta el interés de colonos y empresas en expansión.

c) Sobrevivencia cultural frente a la modernidad: más allá de las invasiones violentas, la comunidad también se expone a la «tentación» de los bienes venidos de fuera (machetes, ropas, herramientas) que pueden mejorar o acelerar ciertas tareas. Ese anhelo de contacto, para abastecerse, contrasta con el peligro de ser engañados o despojados de sus derechos. Vicente consigna que muchos hombres parten con canoas para «ver a los "civilizados"» y obtener objetos, mientras que otros, temerosos, prefieren defender el aislamiento. Se genera así una ambivalencia: la modernidad provee de recursos necesarios, pero abre la puerta a amenazas que ponen en jaque la autonomía y la salud comunitarias.

Frente a estas tensiones, los diarios ponen de manifiesto la resiliencia de la comunidad: reorganizan campamentos, continúan los rituales en medio de la epidemia, limpian la chacra a pesar de las enfermedades y mantienen un discurso firme en la defensa de su territorio. Vicente observa cómo, a pesar de todo, la red de ayuda mutua y la fe en sus prácticas rituales evita la quiebra social.

5.   Rituales y espiritualidad: la simbiosis cultural

Uno de los legados más importantes que dejan los escritos de Vicente es la constatación de que, para los Enawenê-Nawê, no hay una separación estanca entre la esfera espiritual y la vida cotidiana. Todo rito implica una ofrenda real (pescado, chicha, miel) y toda labor productiva conlleva el reconocimiento de las fuerzas invisibles que habitan el bosque, los ríos y el cielo. Por ejemplo, en el ritual Kateoko, el *ketera* (bebida fermentada) se ofrece en cuencos a las «compañeras» o a otros miembros del grupo, estableciendo un circuito de reciprocidad y devoción. O, en la ceremonia Salumã, la recolección de miel puede quedar pospuesta por la lluvia, pero no se interrumpe el acto sagrado, sino que se traslada a la casa de Atayna, confirmando la movilidad de lo sagrado, que se expresa allá donde la comunidad se reúna.

Igualmente, la danza y la música poseen un rol protagónico para armonizar las emociones y reafirmar la pertenencia. Vicente menciona cómo, en el caso de enfermedad (un niño con fiebre o un adulto con heridas), se realizan ofrendas de *olocuare*, *beiju* o pescado a fin de invocar la cura o el favor de las potencias espirituales. Con todo, las notas de Vicente también aluden a un paralelismo entre la devoción indígena y ciertos valores cristianos: la ofrenda como gesto de comunión, la lluvia como bendición, el canto ritual como forma de elevar plegarias colectivas. En su reflexión personal (por ejemplo, en los rituales de fines de 1983), se intuye que su propia fe cristiana se ve enriquecida por la experiencia chamánica y el misticismo natural de los Enawenê-Nawê.

6. Transformación de Vicente: inculturación y cambio de perspectiva

Si bien el foco principal de estos diarios es la vida de los Enawenê-Nawê, no podemos ignorar que Vicente es misionero y etnógrafo, y que en estos textos hay una clara evolución de su rol, pasando de un observador más o menos externo a un verdadero miembro de la comunidad:

a) De la sorpresa al aprendizaje: en las primeras entradas (1977, 1978, 1980), Vicente se muestra fascinado por la música y la danza, describiéndolo todo con minucia, pero manteniendo cierto asombro distanciado. Con el correr de los años (entre 1981 y 1987), participa directamente en las ceremonias, colabora en la pesca, atiende a enfermos y anota con naturalidad los detalles del ritual (quién dirige, quién ofrece chicha, qué se canta), dejando claro que ha interiorizado buena parte del código cultural.

b) La experiencia de fe compartida: Vicente confronta sus creencias católicas con la cosmovisión indígena. Descubre resonancias y divergencias que le llevan a una «conversión interna», no abandonando su fe sino ampliándola al incorporar la dimensión colectiva y ritual que ve en los Enawenê-Nawê. Su diario, en la entrada del 10 de noviembre de 1983, por ejemplo, describe el trance del chamán Atayna como una manifestación del poder divino en la naturaleza, algo que antes escapaba a su propia tradición religiosa, pero que ahora lo conmueve y lo invita a rezar (o cantar) junto a ellos.

c) Compromiso social y defensa del territorio: la madurez de Vicente no se limita a lo espiritual, pues se traduce en la defensa activa de los derechos indígenas ante invasiones y abusos. Él colabora con Thomaz para enviar noticias a la FUNAI, redactar oficios, desalojar peones engañados o confrontar a capataces como Filomeno. Su solidaridad no se reduce a la evangelización; abarca la mediación legal y logística, asumiendo riesgos y confluyendo con la misión jesuita que, en ciertos sectores (como el CIMI), adoptaba una opción preferencial por los pueblos originarios.

En conclusión, Vicente deja de ser un misionero «clásico» que enseña doctrinas para, en cambio, volverse un puente entre dos mundos que se complementan. Su testimonio al cierre de 1983 muestra que su transformación es inseparable de la comunidad que lo acogió.

7. Hacia una lectura general: una década de vivencias

Si recorremos de manera panorámica los apuntes, que abarcan de 1977 a 1987, observamos varios hilos temáticos que se entrelazan y dan forma a la experiencia de Vicente y los Enawenê-Nawê:

a) La afirmación de la identidad colectiva: cada rito, cada pesca comunitaria y cada ceremonia de iniciación refuerzan la noción de que la vida indígena no se concibe en términos individuales sino comunitarios. Las enfermedades, la escasez, las invasiones e incluso las relaciones con otros grupos (Nambikwara, Cinta Larga, Rikbaktsa) se procesan sobre la base de la solidaridad y la búsqueda de consenso.

b) La permanente tensión con el exterior: las historias de ataques, los intentos de colonización y la necesidad de lidiar con la FUNAI o con otros misioneros manifiestan la fragilidad de los territorios indígenas ante el avance de los «civilizados». Sin embargo, también se destaca la capacidad de la comunidad para resistir, organizar desalojos o aliarse con personas como Thomaz o el señor Antonio, que se niega a transportar a Filomeno, el capataz invasor.

c) La dimensión espiritual como fuerza cohesionadora: lejos de ser un mero apéndice de la vida social, la espiritualidad envuelve toda la existencia, impulsando los cantos de la madrugada, la pintura corporal, la fabricación de collares, la ofrenda de chicha... Cuando se presentan sequías o lluvias inusuales, la comunidad reconfigura sus ceremonias sin perder el sentido de lo sagrado. Para Vicente, esa es la clave que explica por qué, a pesar de las dificultades, los Enawenê-Nawê siguen «bailando y construyendo su futuro».

d) La importancia de la documentación de Vicente: gracias a su cercanía y a la confianza que se ganó, Vicente logra recopilar una información muy detallada, no solo de las actividades productivas y rituales sino de la vida interna: tensiones familiares, preocupaciones de los líderes políticos, experiencias de la niñez, dinámicas de curación, etc. Este material no solo es valioso desde el punto de vista antropológico, sino que también constituye un testimonio humano donde se aprecian la empatía y el cariño mutuos.

En síntesis, la experiencia plasmada en estos diarios conforma un mosaico de realidades donde la vida cotidiana y los grandes retos socioespirituales se entremezclan en un relato profundo, que trasciende el tiempo y sigue resultando conmovedor y relevante para reflexionar sobre el presente de los pueblos originarios de la Amazonía.

8. Reflexiones finales: un legado para el futuro

Para cerrar esta extensa recapitulación, vale la pena destacar algunos puntos que hacen de este documento –y de las vivencias que describe– una fuente de aprendizaje y de reflexión, también para el momento presente:

a) El valor del diálogo intercultural: la experiencia de Vicente, misionero jesuita inmerso en una cultura distinta, evidencia que la construcción de una relación fraterna y justa con los pueblos indígenas no pasa por la imposición de una sola cosmovisión sino por el diálogo y la apertura a las múltiples maneras de concebir lo sagrado. Su propia transformación espiritual, descrita en los diarios, demuestra que el encuentro con la alteridad no mina las convicciones personales, sino que puede ensancharlas y hacerlas más incluyentes.

b) La resistencia indígena en la defensa de sus derechos: la comunidad Enawenê-Nawê no se muestra pasiva ni indefensa ante las epidemias, las invasiones o los abusos de colonos. Sus integrantes organizan desalojos, exigen oficios a la FUNAI, confrontan a capataces y, sobre todo, mantienen vivas sus ceremonias y lazos de reciprocidad. Esto subraya la capacidad de los pueblos originarios para resistir y adaptarse a las circunstancias cambiantes de un mundo que intenta despojarlos de su territorio y su cultura.

c) Salud y espiritualidad, un binomio inseparable: el manejo de las enfermedades (desde la malaria hasta la disentería) o la atención a heridos por espinas o cortes se

acompaña siempre de rituales, oraciones y remedios
locales. Vicente aporta medicinas occidentales, pero la
confluencia con la medicina tradicional y el cuidado colectivo refuerza la idea de que la salud integral pasa por
el ámbito físico y el social-espiritual. Este enfoque ho-
lístico, que se revela en cada danza y en cada práctica
de curación chamánica, puede servir de inspiración para
modelos de salud intercultural.

d) La espiritualidad como fundamento de la vida: en todos
los diarios se constata que la vida Enawenê-Nawê está
permeada por lo sagrado (la lluvia, la pesca, la siembra
de mandioca, la visita del chamán a una casa, la inaugu-
ración de una chacra, la construcción de flautas...). Todo
puede transformarse en rito y en canto. Vicente observa
que, pese a las amenazas externas, la comunidad halla
en sus rituales la fuerza moral y anímica para seguir adelante, en un perpetuo «levantar el fuego» que enciende el
corazón y la esperanza.

e) El testimonio como legado histórico y humano: finalmente, el texto de Vicente Cañas no es un informe des-
provisto de emociones sino el testimonio de alguien que
se involucró de manera plena, experimentando tanto la
belleza como el sufrimiento. Sus descripciones de niños
enfermos, de largas travesías en canoa o de conflictos
con terratenientes proyectan una imagen compleja, donde se conjugan la ternura, la valentía, la fe y la incertidumbre. Este legado nos invita a repensar nuestras propias percepciones sobre la diversidad cultural, la misión
religiosa y las relaciones de poder que se establecen con
los pueblos indígenas.

Epílogo

1. Reflexión sobre el martirio de Vicente Cañas

El martirio de Vicente Cañas, conocido por los Enawenê-Nawê como Kiwxi, representa una de las historias más conmovedoras de la inculturación misionera en América Latina. Su muerte, ocurrida en abril de 1987, refleja los profundos conflictos entre la defensa de los pueblos indígenas y los intereses de terratenientes y latifundistas que buscaban explotar sus territorios. Como señaló don Pedro Casaldáliga: «Es el misionero contemporáneo que alcanzó el nivel más alto de inculturación: nació español, se nacionalizó brasileño y se inculturó como Enawenê-Nawê».

Vicente no solo defendió los derechos de los pueblos indígenas, sino que también construyó con ellos una relación de igualdad y solidaridad. Al adoptar sus costumbres, su idioma y su cosmovisión, se convirtió en un puente vivo entre dos culturas. Su vida y su muerte se han convertido en un testimonio profético de una Iglesia que opta por los pobres y marginados, una opción que, como afirmó monseñor Roque Paloschi y recogió el CIMI, «es frecuentemente perseguida precisamente por su compromiso con los pueblos indígenas».

2. Relato de sus últimos días

En los últimos años de su vida, Vicente Cañas vivió inmerso en la comunidad Enawenê-Nawê, compartiendo su vida cotidiana y celebrando sus rituales. En su diario, Vicente describió la belleza y la profundidad de los rituales indígenas, como el Salumã, que involucraba música, danza y ceremonias comunitarias. En esos momentos, él no solo observaba, sino que participaba activamente, adaptando su vida a la cultura y espiritualidad de los indígenas.

Sin embargo, también se enfrentó a crecientes amenazas. Vicente solía refugiarse en su barracón, situado a las orillas del río Juruena, para reflexionar, escuchar música clásica y registrar sus pensamientos en un diario que, con más de 3 000 páginas, constituye un testimonio invaluable de la vida indígena y de su propia lucha espiritual. En ese mismo lugar, según relatan los informes forenses, fue brutalmente asesinado. Su cráneo fue destrozado con una *borduna* y su cuerpo presentaba una herida de arma blanca en el abdomen, además de indicios de castración. Milagrosamente su cuerpo permaneció intacto, protegido en medio de la selva, hasta ser encontrado cuarenta días después.

El relato de don Roque Paloschi, en el prólogo al libro sobre Vicente, enfatiza cómo este acto de violencia no logró silenciar el mensaje de justicia que su vida transmitía. Al contrario, su muerte se convirtió en una semilla de esperanza para la lucha por los derechos de los pueblos indígenas.

3. Significado de su muerte para los Enawenê-Nawê y otros pueblos indígenas

Para los Enawenê-Nawê, Kiwxi no era solo un misionero sino un hermano. Su integración en la comunidad marcó profundamente a este pueblo. Según testimonios recogidos, los Enawenê-Nawê mantienen viva su memoria, considerándolo uno de ellos. Aún hoy, más de treinta años después de su martirio, los indígenas recuerdan a Vicente como un líder y defensor que luchó junto a ellos por la demarcación de sus tierras y la preservación de su cultura.

El testimonio de los pueblos indígenas, recogido en el libro *Kiwxi. Tras las huellas de Vicente Cañas*, muestra cómo su vida se convirtió en un signo de resistencia frente a los ataques sistemáticos a sus derechos. «A pesar de los momentos difíciles, seguimos sintiendo su presencia y su fuerza entre nosotros», afirmaron líderes Enawenê-Nawê en uno de los encuentros conmemorativos organizados por el CIMI.

Glosario de términos

Barracón/choza/casa comunitaria

Definición: construcción tradicional indígena donde se reúnen o habitan varias familias. Puede tener diferentes materiales y estructura según la etnia.

En el texto: alude a la vivienda de Vicente, así como a los espacios compartidos donde se desarrollan rituales o actividades cotidianas.

Beiju

Definición: alimento típico a base de harina de mandioca, usado en muchos pueblos indígenas de Brasil. Puede asarse o mezclarse con otros ingredientes.

En el texto: frecuentemente repartido en ceremonias y momentos de convivencia cotidiana, simboliza la cohesión social y la hospitalidad.

Chamanismo/trance

Definición: práctica espiritual en la que el chamán o líder religioso se comunica con el mundo espiritual para sanar, guiar o proteger a la comunidad.

En el texto: el chamán Atayna entra en trance para afrontar enfermedades y males espirituales, evidenciando la vitalidad de la espiritualidad indígena.

Chicha de miel/*oleniti*/*ketera*

Definición: distintas bebidas tradicionales elaboradas mediante la fermentación de miel, mandioca, maíz u otros ingredientes locales.

En el texto: aparecen como parte esencial de los rituales y la convivencia diaria, reflejando la importancia de la alimentación comunitaria y las ceremonias de ofrenda.

CIMI (Consejo Indigenista Misionero)

Definición: órgano vinculado a la Conferencia Nacional de Obispos de Brasil (CNBB), dedicado a la defensa de los pueblos indígenas. Ofrece asesoría en temas legales y promueve la pastoral indígena.

En el texto: misioneros como Thomaz y Tere, mencionados por Vicente, están asociados al CIMI y colaboran en la protección de los territorios indígenas.

Compañía de Jesús (jesuitas)

Definición: orden religiosa católica fundada en 1540 por Ignacio de Loyola. Se caracteriza por su compromiso con la educación, la justicia social y las misiones.

En el texto: Vicente Cañas ingresa en la Compañía de Jesús en 1961. Su formación y espiritualidad ignacianas lo inspiran para trabajar con comunidades indígenas.

Concilio Vaticano II (1962-1965)

Definición: concilio ecuménico de la Iglesia católica que promovió una renovación profunda, impulsando el diálogo interreligioso y el respeto por las culturas locales.

En el texto: influye en la visión misionera de Vicente y de otros jesuitas, llevando a una pastoral centrada en la justicia social y el acompañamiento de los más vulnerables.

Defensa del territorio/invasiones

Definición: resistencia frente a la ocupación ilegal o forzada de tierras indígenas por parte de colonos, hacendados o empresas que buscan explotar recursos naturales.

En el texto: las alusiones a la hacienda Londrina, los desalojos, los conflictos con peones engañados y la tensión constante reflejan la lucha de los Enawenê-Nawê por garantizar su supervivencia y autonomía.

Enawenê-Nawê

Definición: pueblo indígena de la Amazonía brasileña, con una rica tradición de rituales, música y organización comunitaria.

En el texto: son la comunidad con la que Vicente convivió durante largos años, aprendiendo su idioma, costumbres y espiritualidad.

FUNAI (Fundação Nacional do Índio)

Definición: organismo oficial del gobierno brasileño encargado de la protección de los derechos e intereses de los pueblos indígenas en Brasil.

En el texto: aparece gestionando la demarcación de territorios y respondiendo (a veces de manera tardía o limitada) a las invasiones que afectan a los Enawenê-Nawê y otras comunidades.

Inculturación

Definición: proceso mediante el cual el misionero o agente externo se sumerge en la cultura local, asimilándola y respetándola. Supone un diálogo profundo entre fe y cultura.

En el texto: Vicente Cañas adoptó las costumbres, el idioma y la cosmovisión de los Enawenê-Nawê, convirtiéndose en Kiwxi y viviendo como un miembro más de la comunidad.

Kiwxi

Definición: nombre indígena que recibió Vicente Cañas al convivir con los Myky y que siguió utilizando entre los Enawenê-Nawê.

En el texto: refleja su integración profunda y su nueva identidad como parte de la comunidad.

Martirio/entrega total

Definición: dar la vida por una causa de justicia y fe, en defensa de la dignidad humana, a semejanza de los mártires cristianos.

En el texto: Vicente Cañas, asesinado en 1987 por defender los derechos territoriales de los Enawenê-Nawê, es reconocido como mártir contemporáneo por su entrega y coherencia de vida.

Mataxi/presas

Definición: formas de pesca colectiva y construcción de trampas para capturar peces en ríos o lagunas.

En el texto: destaca la organización comunal y la importancia de la pesca para la subsistencia y la celebración ritual.

Misión/misionero

Definición: en el ámbito católico, se refiere a la labor evangelizadora que implica servir en regiones con necesidades espirituales, sociales o culturales.

En el texto: la «misión» de Vicente en Brasil se redefine con el paso del tiempo, enfatizando la defensa de los pueblos indígenas y el aprendizaje mutuo en lugar de la imposición religiosa.

Myky

Definición: otro pueblo indígena del estado de Mato Grosso (Brasil), con el que Vicente Cañas tuvo sus primeros contactos antes de adentrarse entre los Enawenê-Nawê.

En el texto: fueron una de las puertas de entrada para que Vicente comprendiera la realidad indígena y adoptara el nombre de Kiwxi, marcando su inmersión cultural.

OPAN (Operação Amazônia Nativa)

Definición: organización no gubernamental brasileña dedicada a la defensa de los derechos de los pueblos indígenas, la sostenibilidad ambiental y la preservación cultural en la región amazónica.

En el texto: se la menciona en el contexto de las organizaciones externas que colaboran con las comunidades indígenas en la defensa de sus territorios y derechos, destacando su trabajo con los Enawenê-Nawê.

Opción preferencial por los pobres/indígenas

Definición: principio teológico y pastoral surgido con fuerza en la conferencia general de los obispos de América Latina en Medellín (1968) y reiterado en Puebla (1979), que insiste en priorizar la atención a los más desfavorecidos. Cuando hablamos de indígenas, se trata de una adaptación del principio de priorizar a los más vulnerables, enfocándose específicamente en la defensa de los pueblos originarios.

En el texto: se concreta en la dedicación total de Vicente Cañas y otros misioneros jesuitas, quienes asumen la protección y promoción de los derechos indígenas como parte esencial de su vocación.

Salumã/Kateoko/Menorerá

Definición: diferentes rituales o celebraciones de los Enawenê-Nawê, cada uno con su música, danzas, ofrendas y prácticas específicas.

En el texto: reflejan la complejidad y diversidad de la espiritualidad indígena, donde se conjugan lo festivo, lo religioso y lo comunitario.

Tapiragem

Definición: técnica indígena para alterar o «teñir» las plumas de ciertos pájaros, consiguiendo colores vivos y variados para adornos rituales.

En el texto: se menciona cuando algunos hombres salen a buscar crías de papagayo para criarlas y luego aplicar a su plumaje esta técnica, muy valorada en las ceremonias.

Timbó

Definición: planta utilizada tradicionalmente para pescar, gracias a las sustancias que entorpecen o paralizan a los peces al entrar en contacto con el agua.

En el texto: es mencionada de forma recurrente cuando la comunidad Enawenê-Nawê se enfrenta a sequías y debe recurrir a este método para asegurar la pesca.

Urucú/*jenipapo*

Definición: pigmentos naturales extraídos de plantas (*Bixa orellana* y *Genipa americana*, respectivamente). Se usan para la pintura corporal, y en algunos casos para teñir tejidos o alimentos.

En el texto: marcan la identidad cultural y ritual de los Enawenê-Nawê, siendo visibles tanto en las fiestas como en la vida diaria.

Bibliografía

AQUINO JUNIOR, Francisco de, «Cristo en los rostros sufrientes de América Latina»: *Revista Latinoamericana de Teología* 12 (1995), 24-48.

BINGEMER, Maria Clara Lucchetti, «Mártires de hoy: una espiritualidad de la entrega total»: *Concilium* 20 (2003), 87-103.

CAÑAS, Vicente, *Diario de campo del hermano Vicente Cañas, SJ (1977-1987)*.

CONFERENCIA EPISCOPAL LATINOAMERICANA (CELAM), *Documentos de Medellín*, CELAM, Medellín 1968.

CONSEJO INDIGENISTA MISIONERO (CIMI), *Informes anuales sobre derechos de los pueblos indígenas en Brasil*, CIMI, Brasilia (varias ediciones).

ÍD., *30 años del martirio de Vicente Cañas: compromiso y testimonio*, CIMI, Brasilia 2017 (disponible en https://cimi.org.br; consultado el 2 de junio de 2025).

FUNDAÇÃO NACIONAL DO ÍNDIO (FUNAI), *Relatório sobre a demarcação de terras indígenas no Brasil*, FUNAI, Brasilia 2020.

INSTITUTO HUMANITAS UNISINOS (IHU), *Kiwxi: o missionário jesuíta que se fez índio* (disponible en https://tinyurl.com/2n2h8r7h; consultado el 2 de junio de 2025).

ÍD., *Provocar rupturas, construir o Reino: Vicente Cañas, SJ, fragmentos do seu martírio* (disponible en https://tinyurl.com/bdz2t5h5; consultado el 2 de junio de 2025).

ÍD., *O testemunho e a coerência de Vicente Cañas nos interpelam e questionam* (disponible en https://tinyurl.com/yvd6t9ty; consultado el 2 de junio de 2025).

INSTITUTO SOCIOAMBIENTAL (ISA), *Pueblos indígenas en Brasil* (disponible en https://pib.socioambiental.org; consultado el 2 de junio de 2025).

LÓPEZ TEROL, José Luis y CARRÍO PARDO, José, *Kiwxi. Tras las huellas de Vicente Cañas*, Ediciones Universidad de Castilla-La Mancha, Albacete 2002.

PACINI, Aloir, *Modelos de missão indígena na Amazônia: Burnier e Vicente Cañas (Kiwxi)* [disponible en https://tinyurl.com/439p3b6n; consultado el 2 de junio de 2025].

RED ECLESIAL PANAMAZÓNICA (REPAM), *Recursos pastorales y defensa de los pueblos indígenas* (disponible en https://redamazonica.org; consultado el 2 de junio de 2025).

UNESCO, *Ritual del Yãkwá: Patrimonio Cultural Inmaterial de la Humanidad* (disponible en https://ich.unesco.org; consultado el 2 de junio de 2025).

VARIOS AUTORES, *Entrevistas y relatos de los Enawenê-Nawê* (recopilados por el CIMI).